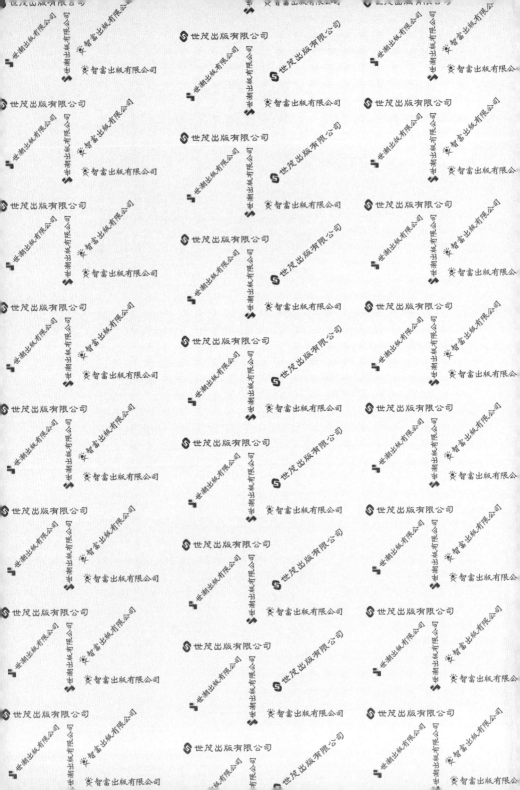

妖怪百貨店

怪しくゆかいな妖怪穴2

序

誠摯歡迎您本日蒞臨妖怪百貨店。

本店的妖怪是來自報紙《每日小學生》所連載的《妖怪穴》，從中精心挑選出一百種有名、稀奇的妖怪，安置在本店各處。

日本民間一直流傳著形形色色的妖怪。有些在很久以前的神話中登場，有些只在繪卷或圖畫中出現過名字與形象，有些藉由口耳相傳的故事與傳說而流傳，一些人認為妖怪確實存在於人們日常生活中。這些妖怪的模樣與性格各有不同，某些可怕妖怪會攻擊人類，也有些妖怪會為人類帶來幸福。

本店將這些妖怪分別展示於一樓至三樓以及地下一樓，以方便各位貴賓瀏覽，讓各位貴賓能夠充分享受認識妖怪的樂趣。

一般的百貨公司內，每個樓層都有詳細的介紹，不過本店大膽地不做介紹。各位貴賓可以試著想想看每個妖怪配置在這一層的理由。不如說，這才是本店的目的。

另外，或許有些貴賓會覺得奇怪，為什麼本店會叫做別館*呢？這其實是有原因的。

*註：日文原文書名為《妖怪百貨店 別館》，中文版則改名為《妖怪百貨店》。

如果可以，本店希望能夠單純取名為《妖怪百貨店》。然而，我們自知單單這一百種妖怪，實在很難代表所有妖怪的模樣。因此又在後頭加上了「別館」的字樣。

即使加上日本每日新聞社原本出版的《妖怪穴（怪しくゆかいな妖怪穴）》，總共也只介紹了兩百種妖怪。看來若想收錄所有妖怪，還得花上不少時間。

本店的夢想是，成為一個包羅萬象的妖怪百貨店。日本究竟有多少種妖怪呢？從來沒有人實際算過，或許世界上仍有許多我們未知的妖怪。但即使我們只能陳列出其中一小部分的妖怪，只要貴賓們在看過這些妖怪之後能認識到妖怪的有趣之處，以及蘊含的深意，對我們而言便是再高興不過的事了。

感謝各位貴賓能不厭其煩看完冗長的開場白。接下來請盡情享受本店為各位貴賓所準備的妖怪世界吧！

妖怪百貨店經營者　村上健司

妖怪百貨店簡介

1 樓

小豆量

【あずきはかり】

妖怪百貨店

越來越大的聲音

像是小豆洗或小豆婆，這種名為小豆某某的妖怪，出現時大都會伴隨者淘洗小豆*的聲音。不過，江戶時代的作品《怪談老之杖》（怪談老の杖）中所提到的小豆量卻與其他的小豆妖怪不大一樣。小豆洗之類的妖怪主要出現在水岸附近，然而小豆量卻只出現在家中。《怪談老之杖》介紹如下。

江戶．麻布有一位武士家中，一到晚上便會出現妖怪。一位好奇的友人知道這件事後便要求在武士家住一晚。

到了晚上，天花板開始發出沙啦沙啦的聲音，像是有人在上面灑豆子。「這就是那個妖怪嗎？」友人問。武士回答：「是啊。接下來還會發生更有趣的事，先安靜聽著。」

接著，聲音越來越大，像是有人把大量豆子灑在屋內一樣。除此之外，還聽到庭園似乎傳來了腳步聲以及灑水聲。然而當他們想一睹妖怪的樣貌而打開門窗，卻沒有看到任何身影。

這就是小豆量的故事。由於小豆量沒做什麼壞事，武士家中的人們也不會特別害怕。小豆量似乎只在這個武士家中出現過。

*註：小豆即紅豆。

妖怪密情報

騷靈現象

若在沒有任何人的建築物內，突然出現奇怪的聲音，或是物品突然自己動起來，就是所謂的騷靈現象（Polter-geist）。德語中意為吵鬧的靈魂。歐洲人從很久以前便有觀察到這些奇怪的現象，並認為這是某些靈魂所引發的。日本亦常發生類似情形。與歐洲人相同，日本人也認為這是由靈魂或妖怪所引發的現象。小豆量這種妖怪正是屬於騷靈現象的一種。

小豆量

隱神刑部狸

【いぬがみぎょうぶだぬき】

妖怪百貨店

四國第一神通力

日本全國各地都有會變身以迷惑人類的化狸，而四國這個地方又以化狸*特別多聞名。許多有名的化狸便是在這裡誕生的，像是阿芳、權右衛門、大鷹、小鷹等。聚集了那麼多化狸，自然會選出一位老大來領導他們，於是四國便出了好幾個著名的化狸首領。

愛媛縣松山市的隱神刑部狸就是其中一個。他被認為是四國內神通力最厲害的化狸，手下有八百零八隻化狸。

這隻古狸從好幾百年前就一直住在松山這個地方，松山城建成後，他成了城池的守護神。當時的城主贈與刑部（負責處罰惡人的官職）之名，相當信賴他。然而有一次，心地善良的隱神刑部狸被計畫奪取松山城的壞人們利用。城主以為他們企圖謀反，便將隱神刑部狸與他八百零八隻化狸手下一起封印在九萬山的洞窟中。

沒有人知道他們到底被關了多久。不過他們重獲自由後，便成為當地的土地神。

當時封印他們的洞窟遺跡，現有一座祭拜隱神刑部狸的祠堂，並稱呼他們為山口靈神。

*註：化狸，會變身成各種物體的狸貓妖怪。

妖怪密情報

魔王的木槌

隱神刑部狸明明是很有實力的化狸，為何城主能輕易關住他們呢？這是因為，松山城的城主從廣島找了一位名為稻生武太夫的武士來幫忙。於三次市內流傳的《稻生物怪錄繪卷》中，武太夫是著名的豪傑。一位名為山本五郎左衛門的魔王曾授予他一把木槌，武太夫便是用這木槌封印化狸們。山本五郎左衛門是日本妖怪的老大，化狸再怎麼厲害也敵不過他。

隱神刑部狸

牛鬼

【うしおに】

妖怪百貨店

雖然凶暴卻有驅魔能力

牛鬼正如其名，看起來就像是一隻巨大的牛妖怪，在西日本各處都有相關傳聞。

牛鬼出沒於四國與和歌山縣的山中，潛藏在瀑布與深淵，而這些地方又稱作牛鬼瀧或牛鬼淵。

他們有時會離開瀑布或深淵，在山林中漫步，偶爾會走進村落，攻擊牛舍中的牛隻。他們性格凶暴，看到人類一定會主動襲擊。而就算牛鬼沒發現人們，人們只要看到他們，也可能會染上疾病。

牛鬼也出現在中國與九州地方海邊。棲息於島根縣海岸的牛鬼擅長化為美女的模樣。他們會以抱著嬰兒的女性姿態現身，找人幫忙抱一下嬰兒。一旦接下嬰兒，嬰兒會越來越重，讓抱著的人無法動彈，這時若人還有所遲疑，就會被變回原樣的牛鬼殺死。

雖然這種妖怪很凶暴，但在愛媛縣宇和島地區有牛鬼負責侍奉神明。舉行祭典時，神明乘坐的神輿會在街道上巡行，在隊伍前開路的便是象徵牛鬼的巨牛塑像。

這是一種驅魔儀式。牛鬼擁有的神力可驅逐神明出巡路上的其他邪惡妖怪與靈魂。

妖怪密情報

被咬過頭腦會變好

宇和島市每年七月二十二至二十四日會舉辦「宇和島牛鬼祭」。街上可看到大大小小以牛鬼形象做成的塑像遶境，有的塑像甚至大到要好幾十個成人才能舉起來，高度在五公尺以上，相當有震撼力。這些牛鬼塑像會用頭去撞各家的建築，以達到驅魔的目的。

有人說被牛鬼咬過頭之後，頭腦會變好。所以許多人就算害怕也想去給他咬咬看！

牛鬼

元興寺

【がごぜ】

妖怪百貨店

妖怪與雷神之子的對抗

浮世繪師鳥山石燕的《畫圖百鬼夜行》中，有一種妖怪的名字是元興寺，日文讀作Gagoze。石燕雖沒有特別說明妖怪名字的由來，但大概和奈良元興寺（Gankouji）脫不了關係。

事件發生在飛鳥時代。元興寺的鐘樓不知從何時開始，一到晚上便有妖怪出沒，有好幾個負責敲鐘的小僧都曾被妖怪襲擊。寺方正煩惱著該如何趕走妖怪，一個小僧便自告奮勇接下這個任務。事實上，這個小僧是由雷神賜給一對人類夫妻的小孩，擁有異於常人的力量。

小僧在鐘樓等待，到了夜晚，妖怪果然出現。小僧不愧身為雷神之子，面對突然襲擊而來的妖怪，仍能奮勇將其擊退。小僧追趕負傷逃跑的妖怪之後，卻看到妖怪的身影消失在一座墓前，墓中埋葬著很久以前做盡壞事的惡人，因而得知這個妖怪原來是由過去惡人的死靈幻化而成的。

這就是元興寺妖怪的傳說。直到不久前，一些地方仍使用Gagoze或Gagoji等詞來指稱妖怪。大人們常恐嚇小孩「要是做壞事，就會有妖怪來找你喔」。有人認為這種說法，可能就是來自元興寺妖怪。

妖怪密情報

咬你喔！

過去每個地方對於妖怪各有不同的稱呼。一般認為，Gagoze、Gagoji是關東至西日本各地對妖怪的稱呼。前文寫到Gagoze是以元興寺妖怪為本所衍生出來的詞，但這只是江戶時代學者所提出的一種說法。民俗學者柳田國男認為，這個稱呼應與妖怪說的話有關。妖怪常在出現時說著「咬你喔！」而Gagoze也有著「咬你喔」的意思，因此這個詞就成了妖怪的代稱。

元興寺

火車

【かしゃ】

妖怪百貨店

劫走壞人的遺體

從前人們舉行葬禮時會將遺體放入圓形的棺桶內，親戚好友們再合力將棺桶扛到墓地。送遺體至墓地的隊伍稱作「野邊送行列」。這時一種稱作火車的妖怪會現身。原本的晴空萬里在須臾之間聚集許多烏雲，陣陣強風讓人們站都站不穩。原本蓋緊緊的棺桶喀瘩喀瘩地發出聲響，接著突然咻地一聲，蓋子就被風掀起。

過一陣子後風停了下來，天空恢復晴朗，像什麼都沒發生過一樣。但仔細一看，卻發現棺桶內是空的，遺體被火車劫走了。事已至此便是為時已晚，不論怎麼找都找不到遺體了。

有人說火車是由貓變化而成的妖怪。若有人生前做了太多壞事，火車便會劫走遺體，是一種很恐怖的妖怪。

火車原本是從地獄前來迎接靈魂的車，因周圍燃燒著熊熊烈火而得名。來自地獄的鬼拉著火車，看到生前作惡多端的人，便會把他們拉進地獄。

過去有著貓可以操控遺體的迷信，不知何時，這樣的傳說與劫走遺體的火車形象重疊起來。一提到火車，便令人想到由貓變成的妖怪。

妖怪密情報

遇到貓請小心

各位聽過殭屍嗎？殭屍常出現在香港電影中。他們的手伸直向前，咚咚咚地往前跳，看到人便會攻擊。中國有這樣的傳說，如果讓貓跳過遺體，死者便會變成殭屍。因此一般認為喪禮時不能讓貓靠近。

日本也有人相信，如果貓靠近遺體，遺體便會開始活動，這或許就是從中國傳入的傳說。但這也表示，要是日本出現殭屍也不奇怪囉。

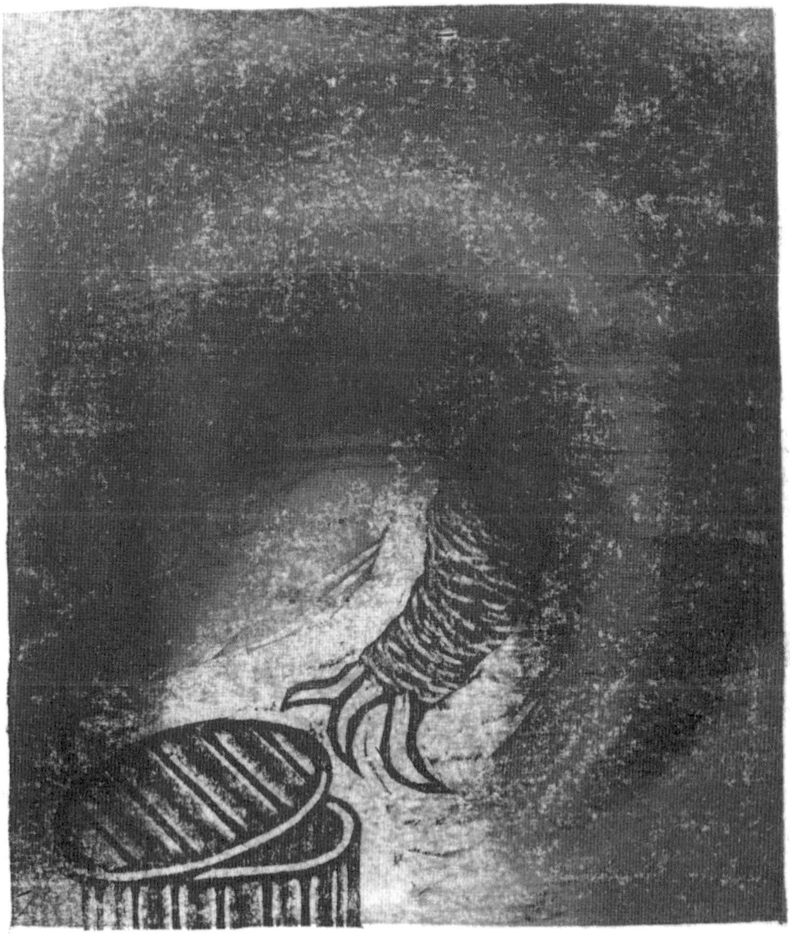

火車

片輪車

【かたわぐるま】

妖怪百貨店

劫走小孩的火之車

這是發生在江戶時代的事。滋賀縣的某個村落中，一到夜晚便會有妖怪出沒，並伴隨著扣囉扣囉的聲音。謠傳，看到妖怪的人會被詛咒，因此一到夜晚，村人都緊閉門窗。

某夜，妖怪如往常般出現，一個好奇的女子把門打開一條縫，偷窺外面的樣子。她看到道路上有台燃著熊熊烈火的牛車，上面坐有一個女人。奇怪的是，這台車的前方沒有牛拉車，車輪也只有一個，牛車卻能扣囉扣囉地捲著烈火前進。

最後牛車停在女子家門前，車上的女人開口說道：「與其偷窺我的樣子，不如看看妳自己的孩子吧」。偷窺的女子便緊張的到處找自己的孩子，卻怎麼都找不到。女子傷心欲絕，寫下一首和歌：「有錯的明明是我，牛車卻帶走了懵懂無知的小兒」，並將這首和歌貼在門上。

隔日夜晚，妖怪再次出現於門口。妖怪讀了這首和歌後說：「看在妳善良的分上，把孩子還給妳」，便將孩子還給女子，從此以後不再出現。

這就是片輪車的故事。京都也有同樣的傳說，但傳說中京都的片輪車會吃掉小孩子，真恐怖。

妖怪密情報

來自地獄的使者

提到燃燒著烈火的車，便會讓人想到稱作火車的妖怪。過去人們相信，地獄的使者會來將做壞事的人帶回去。而迎接壞人用的車子，就是被烈火包圍的火焰之車。也就是說，會被送上火車的只有待罪之人。坐上火車的人會在不停的燒灼中奔向地獄。或許片輪車就和這個來自地獄的火車有關。車上的女人可能做過什麼壞事，才會被拉上車。

片輪車

髮切

【かみきり】

妖怪百貨店

不知不覺中喀擦剪掉

江戶時代，一到夜晚，街道上便一片黑暗。有時，走夜路回家的人到家後會嚇到家人。因為他原本綁得好好的頭髮，不知何時變得亂七八糟。先不說會嚇到家人，看到自己的頭髮亂成這樣也會嚇一大跳吧。

這是妖怪「髮切」幹的好事。他們會趁人不注意的時候偷偷接近，迅速剪開束髮。頭髮被剪的人毫無知覺，回家後才發現。

髮切並不是因為想得到頭髮才去亂剪人的頭髮，只是喜歡惡作劇罷了。他會把剪下來的頭髮隨意丟棄在路上，逕自離開。

常出現髮切的地方包括現在的三重縣松阪市，以及東京的下町一帶。明治時期的東京，在大戶人家的宅邸或商店內工作的女性都可能被髮切盯上。由於他不曾在人前露臉，所以沒有人知道髮切長什麼樣子。不過江戶時代的人們曾試著描繪出髮切的想像畫，放在妖怪的繪卷中。

此後，江戶便謠傳著各種髮切的形象。有人認為髮切的原形是一種叫做髮切蟲的蟲子，有人則認為是以頭髮為食的狐狸在惡作劇。至今，髮切的模樣仍舊成謎。

妖怪密情報

其實是河童？

說起髮切的原形，人們有著各式各樣的想像。熊本縣天草市的人們認為，這可能是河童幹的好事。

從前，天草市五合町的某人，於夜晚經過祇園橋附近時，手上的燈籠突然熄滅了，眼前出現許多黑色的影子跑來跑去。正當他倉皇失措，原本綁得好好的頭髮突然散開，亂成一團。這位受害者和旁人提起這件事時，都說這可能是住在祇園橋附近的河童的惡作劇。

髮切

九尾狐

【きゅうびのきつね】

化身為傾國美女

九尾狐是一種邪惡的狐狸，擅長幻化成美女的模樣。

幾千年前，九尾狐曾化作古印度的華陽夫人、古中國殷商的妲己等美女，藉以接近帝王並控制其心智，施行嚴刑峻法，最後毀滅國家。做的壞事規模越大，九尾狐越高興。

之後，這個妖怪來到了日本平安時代。他化作一位名為玉藻前的美女，接近鳥羽天皇（一說近衛天皇），想要毀滅日本。不過，天皇旁邊的陰陽師看穿了他是妖怪，九尾狐被打回原形，一直逃到現在的栃木縣那須高原。武士們一路追到那裡，成功消滅了九尾狐。

然而即使肉體消失，九尾狐強烈的怨念卻留了下來。這些怨念聚集形成了一個很大的石頭，要是接近這顆石頭便會得到重病致死。一位法號玄翁的高僧聽到這件事，便用玄能（即金屬法杖。玄能這個稱呼便是出自這個傳說）擊碎石頭，封印住九尾狐的毒氣。

石頭被擊碎後，變成了那須高原上的殺生石。或許是因為過了數千年，九尾狐的力量衰退許多，才會敵不過陰陽師和和尚吧！

妖怪密情報

碎片在各地作怪

傳說九尾狐死後化作了殺生石，任何靠近的生物皆會中劇毒。然而事實上，玄翁和尚擊碎石頭時，石頭的碎片飛散到全國各地，落地後的碎片讓當地人們受了不少苦。栃木縣那須烏山市及大分縣別府市等便有相關傳說。有些石頭碎片滾到了道路上，踩到的人會起水泡或長疣。看來即使玄翁和尚能擊碎石頭，九尾狐的怨念也沒那麼容易消失啊。

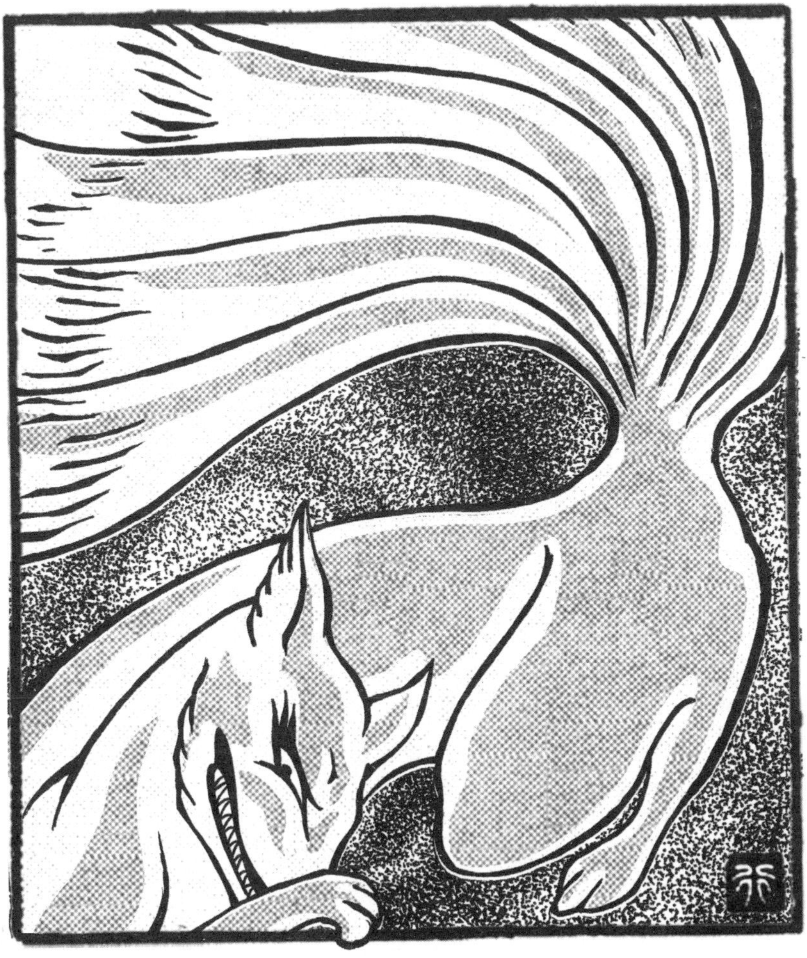

九尾狐

球蒙狸

【きゅうもうだぬき】

妖怪百貨店

來自歐洲

從前，偶爾會有歐洲的貿易商船來日本做生意。有一次，一隻來自歐洲的古狸混在基督教傳教士中來到日本。這隻古狸行走日本各地，最後落腳在現在的岡山縣吉備中央町圓城的一個廢坑——這就是球蒙狸。

球蒙狸擅長變身成人類，卻不會做壞事。他有時會幫助人們種田，也很喜歡混在盂蘭盆會的隊伍中與人一起跳舞。被看穿真面目時，總會說著「抱歉、抱歉」快速逃走。據說球蒙狸變身成的人類有很濃的髭鬚、下巴很小、嘴巴看起來很尖，很容易被識破。

球蒙狸很愛跳舞，有人說在有月亮的夜晚，可以看到球蒙狸鏘鏘鏘地敲著牛鍬（犁田用的工具，由牛或馬拉著）的尖端，喊著「桑呀恩、桑呀恩」，邊跳著舞喔。

某天，球蒙狸突然對村民們說：「過去這段時間受了你們不少照顧。今後我會繼續守護著村中的牛馬，火災或竊盜發生時也會通知大家。」便消失無蹤。村民們於是在黑喰（杭）山建了一座火雷神社祭祀球蒙狸，並稱他作魔法大人。到了現在，人們仍把球蒙狸視作牛馬的守護神而信仰他。

妖怪密情報

難得一見的西洋妖怪

從歐洲渡海而來的狸定居在日本，並成為了日本的妖怪，這樣的故事很有趣吧。不管是球蒙這個名字，還是跳舞時喊的「桑呀恩、桑呀恩」，或許都和歐洲的語言有關。日本的妖怪中，像這樣的外來種其實也不少，不過幾乎都是來自中國。像球蒙狸這種從歐洲風塵僕僕來到日本的妖怪，實在難得一見。

球蒙狸

金長狸與六右衛門狸

【きんちょうたぬきとろくえもんたぬき】

阿波狸合戰的兩位老大

德島縣有相當多的化狸傳說，街道上隨處可見祭祀化狸的寺廟。德島的化狸雖然是妖怪，人們卻把他們當成神明信奉。在德島化狸中地位最高的，就是小松島市的金長，與德島市的六右衛門這兩隻化狸。

原本金長是六右衛門的弟子，在其門下修行。金長很聰明，武藝也略有所成。六右衛門相當喜歡金長，想把自己的女兒許配給他，讓他成為家族的繼承人。但金長卻以「為了家鄉的發展，想要專心在修行上」為由，拒絕了這門婚事。

原本以為一定可以得到正面回應的六右衛門勃然大怒。因為這件事，金長與六右衛門將德島境內所有化狸捲進了一場爭戰，也就是著名的「阿波狸合戰」。

這場戰爭最後由金長軍獲得勝利，然而金長在戰爭時受傷過重，最後不治死亡，結果是兩敗俱傷。

由於兩隻化狸都是德島化狸族群的老大，他們死後皆被當作神明祭祀，分別是小松島市中田町的金長大明神，以及德島市津田西町的六右衛門大明神，被人們奉為可以實現任何願望的神明。

妖怪密情報

化狸的武士們

德島境內的化狸們在阿波狸合戰中相當活躍。金長軍這方有運輸隊隊長四輪狸、德島市佐古地區的老大庚申新八狸，以及表現非凡的軍團長松平狸；六右衛門這方，則有大將權右衛門狸、吉野川市川島町的軍師蕟右衛門狸，以及六右衛門的兒子千助太郎狸等。幾乎所有化狸都被奉為神明祭祀，亦立有介紹牌，說明化狸的傳說。巡禮祭祀化狸的寺廟也很有趣喔。

金長狸與六右衛門狸

愚圖

【ぐず】

妖怪百貨店

噴火的大魚

在石川縣的加賀地方，有一種叫做杜父魚的魚類，當地也稱作愚圖。從前加賀市動橋町附近，曾有巨大的愚圖出沒。

不知從何時起，動橋川下游的池塘內，棲息有十數公尺長的愚圖。到了收穫的季節，愚圖便會要求交出年輕女子作為活祭品，不然就會吐出火焰燒毀田裡的作物。當地人對這種怪物一點辦法都沒有。

某年，一位雲水僧答應幫忙擊退這隻愚圖。在當地全體居民的協助下，總算成功活活燒死愚圖。居民們想感謝這位僧人，卻早已不見僧人的蹤影。於是便謠傳當地的守護神——振橋神社的神明化做人類的樣子，幫助居民擊退愚圖。

後來，每年神社都會舉行祭典以感謝神明的幫助，這就是每年八月二十七日舉行燒愚圖祭的由來。祭典中會有三隻十幾公尺長的愚圖模型登場，這些模型在市內巡迴一圈後，會來到廣場由居民點火燒毀。這種大怪獸般的妖怪真是少見。

妖怪密情報

燒愚圖祭

燒愚圖祭（ぐず燒きまつり）於每年的八月二十七日下午六點左右開始。從神社出發的三隻愚圖，各自在市內行進，下午八點時於動橋車站前會合，並開始暴動。愚圖由醉酒的人操縱，完全無法預測他們會去哪裡！他們會突然接近而嚇到觀眾。晚上十一點左右，這些愚圖會被移到神社廣場燒掉，祭典便告一個段落。

愚圖

件

【くだん】

妖怪百貨店

人面小牛會預言

大約二十年前，日本曾流行過人面犬的傳說。不過在江戶時代，人們口耳相傳的卻是人面牛的故事。人面牛的名字是「件」。件是一頭有人臉的小牛，出沒於西日本一帶。

早晨農人到牛舍查看牛隻狀況時，有時會看到一頭有著人臉的剛出生小牛。光看到這種情景就讓人不太舒服了，下一秒還會聽到小牛開始說人話。「今年會是豐收的一年，但會流行嚴重的傳染病」，小牛說完預言般的句子，馬上就死了。由於這些預言絕對會成真，所以只要出現件的預言，便會馬上傳開，甚至會被記載在當時的報紙，也就是瓦版上以供傳閱。

過去的正式文件中，正文結束後常會寫上「如件所言」的文字，這代表「就像件的預言一樣，絕無虛假」的意思。

件的出生，通常代表著世間即將發生大災難。因此戰爭時常可聽到有件出生的傳聞，像是明治時代的日俄戰爭，以及昭和時代的第二次世界大戰等，都有件做出相關的預言。

現在的我們不再聽到件的傳聞，正是和平的證據。真希望今後都不會聽到件的不祥預言啊！

妖怪密情報

如件所言

件的預言絕對不會出錯，上文有提到，所以正式文件會在文末加上「如件所言」的字樣。另一方面，昭和初期以前，商人宣傳自己販賣的商品時也會提到件。例如藥商登在報紙上的廣告會畫上件，並加上「件如」二字，表示「此藥有效，絕無虛假」。此外，不論是宣傳單或是廣告看板，也都會用件的形象宣傳。不過人面小牛的圖案還是令人不太舒服吧。

件

朱盤

【しゅのばん】

妖怪百貨店

你說的妖怪是長這樣嗎？

福島縣會津地方的居民間，謠傳著一種名為朱盤的妖怪。

某天傍晚，一位年輕武士於旅途間經過一座名為諏訪宮的神社前。傳說這裡是妖怪朱盤出沒的地點，年輕武士害怕得不知所措。這時另一位年齡相仿的武士緩緩走來，讓武士鬆了一口氣，心想終於有同行者了。他和路過的武士搭話：「這附近好像有妖怪出沒，我有點害怕，請讓我和你同行。」一旁的武士聽完後說：「你說的妖怪是長這樣嗎？」接著，武士的臉突然變得又大又紅，看起來就像一個紅色的大盤子，而且額頭還多了一隻角。年輕武士嚇得說不出話來，當場昏倒在地。醒來後，他發現自己還在諏訪宮前，於是他慌張的跑到附近的民家求救：「剛才我看到妖怪……」說出事情的經過。居民聽後回答：「那真是太不走運了。對了，你說的妖怪是長這樣嗎？」接著也變身成妖怪。年輕武士又再一次失去意識，過了好一陣子才醒來，然而百日後，年輕武士就死了。

這就是朱盤的故事。要是遇見這麼恐怖的妖怪不被嚇到才怪吧，如果還遇見第二次，真的會被嚇死！

妖怪密情報

紅色大盤子

盤指的是又大又平的器皿。也就是說，朱盤這妖怪有著一張像盤子一樣的紅色大臉。

新潟縣三條市也流傳有朱盤的故事。某個富豪為了把自己的財產藏起來，於是把錢財先放進自己的墳裡。富豪死後，便傳出這個墳附近有朱盤出沒。要是想盜走墳裡的錢財，朱盤就一定會現身，因此想來盜墓的人越來越少。傳說這個朱盤就是死去富豪的靈魂所變成的。

朱盤

高入道

【たかにゅうどう】

妖怪百貨店

看著看著卻越來越高

西日本有一種名為高入道的妖怪，你若一直抬頭看他，他就會越長越高、越長越高。

兵庫縣西宮市的今津附近，某間釀酒倉庫前的小路常出現這種妖怪。若有路人經過此處，會有可疑人士突然現身，而且身高越來越高。如果抬頭看他，他的身高便會一直增加，直衝天際。不過，如果認出他是高入道，而且身上又剛好有帶尺，只要拿著尺實際去量他的身高並說出「一尺、兩尺……」妖怪就會消失。有人說這種妖怪的本尊是化狸。

香川縣讚岐市的高入道也被認為是化狸變的。只要對這裡的高入道說：「被你看到我的背後，我認輸了。」再行個禮他便會消失。至於為什麼要行禮？這是因為高入道是由站在人肩上的化狸變成，人向他行禮，化狸就會站不穩而消失。大阪市中央區北御堂內部的高入道亦是由化狸變成，會變成旁邊人的模樣。只要用力攻擊高入道的腳，他就會消失。此外，德島縣與奈良縣也有高入道的傳說，這些似乎都是化狸的傑作。明明都是化狸變成的，卻會因地方不同而有不同的對應方法，真有趣。

妖怪密情報

變化方式也有分流派？

由高入道的故事可以看出，化狸的變化方式會隨地區不同而有差異。也許化狸的變化方式也有分流派呢。四國境內的化狸老大包括香川縣的屋島禿狸、德島縣的六右衛門狸等，他們收有很多弟子，並教導變化之術。也許可以想像成化狸的變化術有分成禿狸流或六右衛門流。其他地區的化狸也有各自的老大，那裡說不定也流傳著獨家的變化術呢。

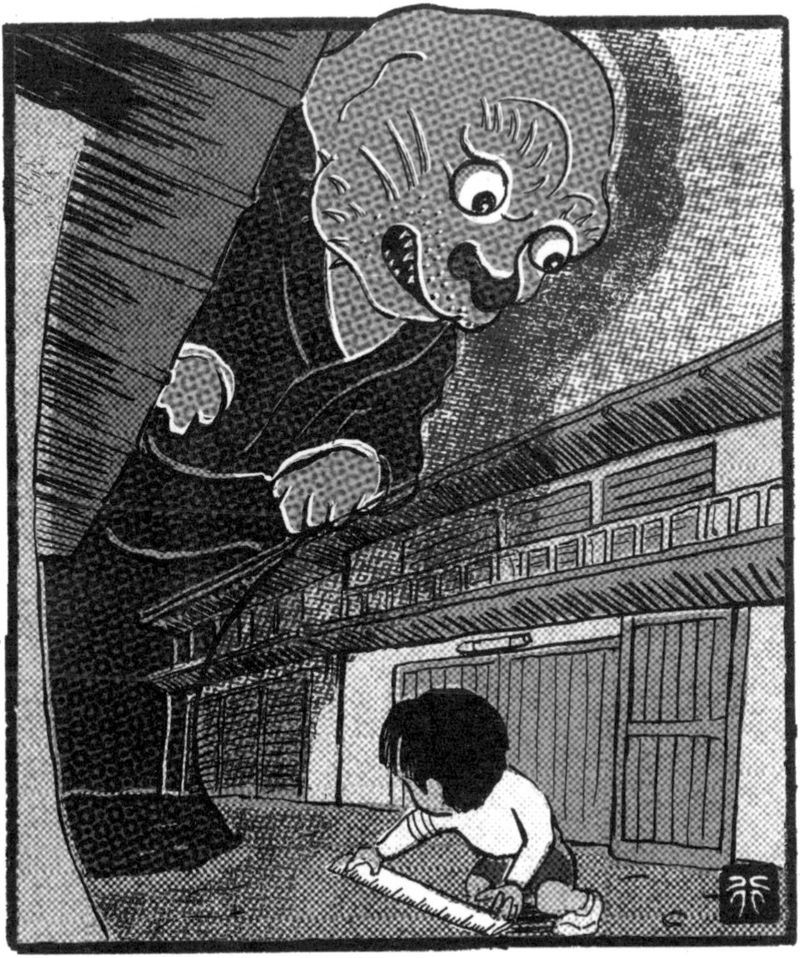

高入道

土蜘蛛

【つちぐも】

妖怪百貨店

武士都要吃苦頭

傳說在很久以前，京都北部的郊區有一公尺以上的大蜘蛛出沒，名為土蜘蛛。據說曾擊退酒吞童子的源賴光與四天王（坂田金時、卜部季武、碓井貞光、渡邊綱），也曾被土蜘蛛找過麻煩。

在日本的平安時代，賴光莫名染上了重病，高燒持續不退，連續數十日都沒辦法起身。

某天晚上，賴光就寢以後，房間角落出現一位身高兩公尺的可疑僧人，他突然將繩子擲向賴光，賴光旋即拿起枕頭旁的刀斬斷繩子，卻看到流著血的僧人逃之夭夭。

聽到聲響的四天王馬上追趕起可疑僧人，只見血跡一直延續到北野天滿宮裡側的一個古墳。他們拿火把探照墳內情形時，墳內突然一陣騷動，一隻一兩公尺大的蜘蛛瞬間現身。他們抓住蜘蛛，用鐵絲固定蜘蛛的身體，帶到河邊曬乾，後來，原本病懨懨的賴光恢復了精神。也就是說，賴光的病正是土蜘蛛的妖術造成的。對那麼大的蜘蛛來說，不管是變形術、使人患病的妖術等，都是小事一樁。

而被認為是土蜘蛛曾住過的古墳，仍留存於今日京都市北區的上品連台寺。

妖怪密情報

古書中的其他含義

平安時代講的土蜘蛛指的是這種蜘蛛妖怪，但在更古老的年代，若提到土蜘蛛，指的是當時日本朝權未及之處的原住民。也就是說，在《古事記》與《日本書紀》以及同年代各地的地方史等常可看到「擊退土蜘蛛……」的記錄，指的其實是「擊退原住民」的意思。這裡講的土蜘蛛，指的不是妖怪，而是被強行套上妖怪名字的人類喔。

土蜘蛛

鐵鼠

【てっそ】

妖怪百貨店

牙齒像鐵一樣堅硬的大老鼠

平安時代，在現在的滋賀縣大津市有一座圓城寺（三井寺），寺內有一名和尚，名為賴豪阿闍梨。賴豪的祈禱相當靈驗，因此白河天皇便命令賴豪祈禱皇后生下繼承人。不久後，皇后平安生下皇子，欣喜的天皇便說要賜給賴豪任何想要的獎賞。於是賴豪要求天皇讓他在寺內設置一個戒壇，但天皇卻拒絕了。

戒壇是僧人行出家儀式的場所，當時京都只有比叡山延曆寺設有，要是在圓城寺內也設置戒壇，延曆寺一定會不滿。天皇因為怕惹怒延曆寺，於是拒絕了賴豪。

怒不可遏的賴豪回寺以後，終日繭居在佛堂內祈禱，然而這次的祈禱卻是對新生皇子的詛咒。最後賴豪因久未進食而死，或許是因怨恨過於強烈，賴豪死後變成一隻牙齒像鐵一樣堅硬的大老鼠，率領著八萬四千隻老鼠大軍襲擊延曆寺。鼠群瘋狂啃食經文與佛像，損失相當慘重。後來延曆寺將賴豪奉為神明祭祀，才消解了鐵鼠的怨恨，鐵鼠也就此消失。

這就是鐵鼠的故事。祭祀賴豪的祠堂位於大津市坂本的道路邊，是一個名為鼠社的小神社，至今仍保存完好。

妖怪密情報

從比叡山到栃木

雖然鐵鼠在襲擊比叡山之後便消失無蹤，但老鼠大軍卻留了下來，並四散至各地肆虐橫行。甚至有些老鼠還跑到離比叡山很遠的栃木縣小山市大肆破壞田地。正當村民為老鼠造成的損害而煩惱，地藏菩薩現身將老鼠大軍封在一個墓塚內。這個塚就是小山市的來鼠塚，也稱作愛宕塚古墳，現在則變成愛宕神社。

鐵鼠

手長足長

【てながあしなが】

巨人夫妻的組合

手長足長是由一個手很長的巨人，以及腳很長的巨人配在一起的妖怪。相關的傳說主要分布在日本東北與中部地方，而在福島縣的磐梯山則有如下的傳說。

很久以前，磐梯山住著一對巨人夫妻，一個手很長，一個腳很長。妻子坐在磐梯山時，可以用她的長手掬起猪苗代湖的水來洗臉，而丈夫的長腳則可跨越整個會津盆地。這一對巨大的妖怪常擾亂周圍田地，讓當地居民相當困擾。這時，一位旅行中的和尚經過，聽見了妖怪的傳說，便準備了一個小壺，自己登上磐梯山向妖怪大喊：

「你們這兩個大塊頭，想必進不去這個壺吧！」

被挑釁的手長足長相當生氣。一邊說著「沒有我們辦不到的事！」一邊縮小自己的身體，終至成功塞入壺內。此時，和尚立刻蓋上蓋子加以封印，不讓他們出來，順利解決了磐梯山的妖怪。順帶一提，有人說這位和尚就是開創真言宗的弘法大師喔。

在山形縣與秋田縣的界山鳥海山，也有手長足長的傳說，不過這裡的手長足長是一隻手腳都很長的鬼族。

妖怪密情報

《枕草子》也曾記載

平安時代，天皇居住的宮殿內的紙門也曾出現過手長足長的畫。當時的詩人清少納言，曾在她的作品《枕草子》中提到她覺得紙門上的手長足長很恐怖。不過，這裡的手長足長並不是妖怪，而比較接近長生不老的仙人。紙門上會有這樣的畫，可能蘊含祈求天皇長命百歲的意義。在岐阜縣高山市中心區域鍛冶橋的欄杆上，也有這個仙人形象的手長足長的塑像喔！

手長足長

百目鬼

【どうめき】

全身都是眼睛

一說到鬼這種妖怪，外型可說是千奇百怪。有的像赤鬼、青鬼一樣長了兩隻角，有的像巨人般高大，有的只有一隻眼睛，有的甚至有張牛臉，真的是什麼鬼都有。而在栃木縣宇都宮市，則傳說一個擁有一百隻眼睛的鬼。

很久以前，一位叫做藤原秀鄉的武將經過宇都宮附近，聽到地方上的人們正為一隻鬼而感到困擾。「那我就來驅逐這隻鬼吧」，於是秀鄉便埋伏在鬼出沒的地方等待。

到了午夜時分，一個有三公尺高的鬼現身。鬼的身上有數不清的眼睛不停轉動著，往四面八方瞪視。秀鄉迅速拿起弓箭射擊，鬼發出慘叫便轉身逃跑，最後倒在明神山的山麓。

鬼死後仍持續放出火焰及毒氣，讓人沒辦法靠近。於是當地本願寺的和尚前來誦經，並用水晶作的念珠敲打鬼的頭，才平息了火焰。當地的人們把鬼的屍體就地掩埋，這就是宇都宮流傳的百目鬼的故事。

埋葬鬼屍體的地點，位在宇都宮二荒山神社所在的明神山北麓，現在仍有一條名為百目鬼通的道路。

妖怪密情報

福部細工

宇都宮附近有一種名為福部細工的工藝品。這是將栃木縣的特產夕顏（即葫蘆花，百合科植物）的果實乾燥後，作成面具或人偶，其中常可看到百目鬼的面具喔。雖然眼睛只有兩個，面具上的恐怖表情卻是它的一大特徵。這種面具是由宇都宮市內的福部洞工房製作，若是擺在家裡裝飾，有除魔的效果。要是有機會去宇都宮，不妨在紀念品店找找看吧。

百目鬼

入內雀

【にゅうないすずめ】

對京城的思念

各位聽過名為入內雀的鳥嗎？所謂的入內，指的就是進入天皇所在宮廷的意思。也就是說，入內雀指的是進入宮廷的雀鳥。至於入內雀的由來，則有這麼一段故事。

平安時代的京都，有一位名為藤原實方的官吏，他也是一位和歌名人。有一次，同為官吏的藤原行成在實方的背後說他「雖然很會創作詩歌，但其實是個笨蛋」。於是實方便和行成在天皇居住的宮廷裡吵起來，實方因此被調職到東北地區。對實方來說，東北是個很無聊的地方。他每天都想著該怎麼調回京城，不知不覺得了心病，一個不小心從馬上掉下來，當場死亡。

同一時間，天皇居住的宮殿內飛來一隻雀鳥，不斷啄食放在高台上的米飯。這隻雀鳥其實是實方變化而成的。他過於思念京城，死後化作雀鳥飛回京都。因此，這種雀就被稱作入內雀。

在那之後，實方變身而成的雀飛往過去曾照顧實方的勸學院（現在的更雀寺），並在那裡嚥下最後一口氣。那裡的住持藉由實方的託夢了解事情經過之後，便建了一個雀塚，以慰實方之靈。

妖怪密情報

因受罰而落馬

實方被調離京都後的任職處，位於今日的宮城縣多賀城市，而實方落馬的地方則位於宮城縣名取市的道祖神社。

若騎馬行經神社正門，一定要下馬步行，然而實方卻疏忽了這個禁忌，騎著馬通過神社，因此受到神的懲罰，從馬上掉了下來。道祖神社附近，至今仍留有實方的墓。為創作和歌而絞盡腦汁的詩人們常來此參拜，以求精進自己的創作能力。

入內雀

沼御前

【ぬまごぜん】

妖怪百貨店

存活的大蛇夫人

福島縣金山町有一個湖，名為沼澤湖，現在已建成公園，並作為露營場地供民眾使用。然而過去，那裡卻是一個由陰暗的森林包圍著的詭異湖泊。

有一天，一名獵人為追趕獵物而來到湖畔。他看到湖的對岸有一位美女，垂下的黑髮有六公尺那麼長，正在湖邊以溶有金屬的液體染黑自己的牙齒。獵人覺得年輕女性出現在這種地方不太合理，他突然想到，傳說有一位名為沼御前的主人居住在湖中。

「吃我的子彈吧，妳這隻妖怪……」

獵人邊放話邊拿起獵槍朝著女子射擊。子彈順利打中目標，女子甩了幾下長髮後沉到湖底。就在這時，烏雲從四面八方席捲而來，強風把湖面吹起一陣陣浪花。獵人開始覺得害怕，立刻拔腿逃跑，還好最後獵人並沒有被妖怪所害。

這就是沼御前的傳說。一般認為女人的原型為大蛇。原本沼澤湖有一對大蛇夫妻，很久以前，一位名為佐原十郎義連的地方領主消滅了大蛇。或許當時被消滅的只有做為丈夫的大蛇，而化作女子的大蛇則是存活的大蛇夫人。

妖怪密情報

沼澤湖水祭

因沼御前的傳說，沼澤湖每年八月都會舉行沼澤湖水祭。水祭時除了會舉辦水上競技大會、竹筏比賽等活動，還會以戲劇表演的方式重現佐原十郎義連擊退大蛇的情景。表演時，湖面上會浮出巨大的大蛇模型，由扮演領主的人將之擊倒，聽起來很有趣吧！

湖附近有一個名為沼御前社的神社，祭拜的正是大蛇的神靈喔。

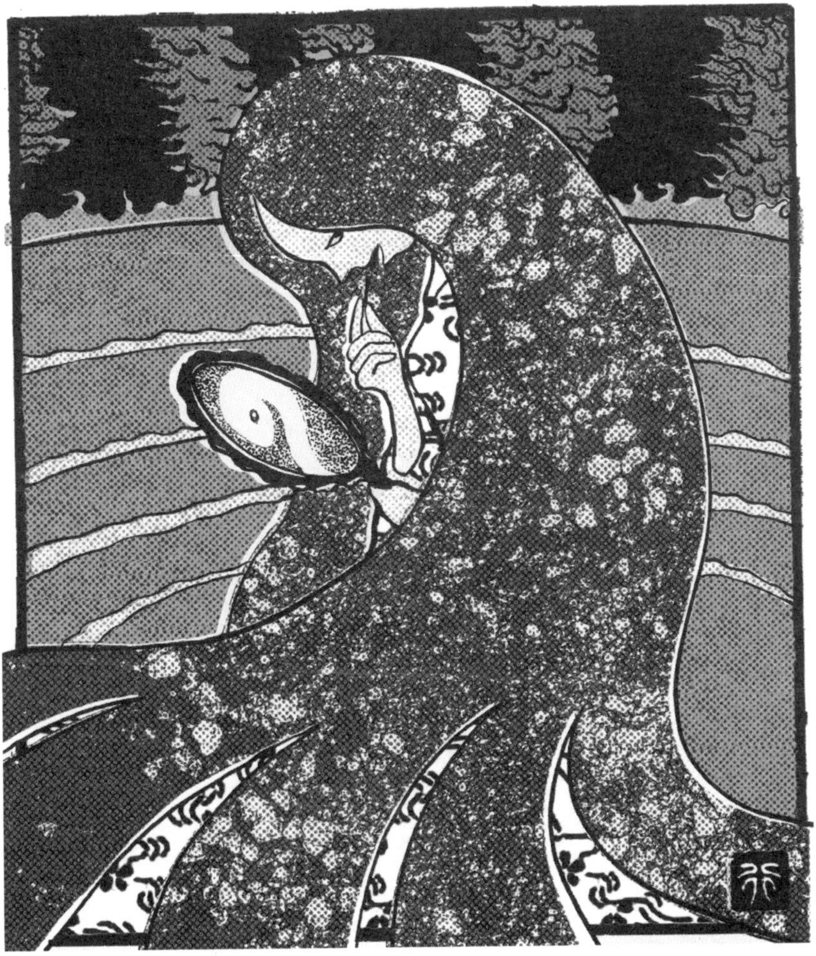

沼御前

貓又

【ねこまた】

妖怪百貨店

長年修煉而得的妖力

活了很久的貓咪，尾巴會分成兩條，且擁有神奇的力量。

這就是名為貓又的妖怪，他們會變化成各種樣子，藉機襲擊人類並把人類吃下肚。

也有家貓變成貓又的例子，變成貓又之後會離開原本的家，跑進山林中。

兼好法師的《徒然草》中寫到：「深山中有名為貓又的妖怪，會吃人。」故可知，貓又通常待在人煙罕至的深山中。

因此，會被貓又襲擊的，通常是旅人以及在山裡工作的人們

不過，單獨在山中過夜的獵人或樵夫平時就會提高警覺，即使貓又用擅長的變化術，偽裝成美麗的女子或對方認識的女性，意圖欺騙人們，人們都會立刻警覺在這種深山內不可能會有女人，因此貓又的偽裝很快會被看穿。雖然貓又是會吃人的恐怖妖怪，但這麼一看好像也有點脫線不是嗎？

傳說貓又曾出沒的山，包括富山縣的貓又山、福島縣的貓魔岳等，這些山的名字都有「貓」字。如果有哪座山的名字裡有貓，或許就代表這座山曾經有貓又居住過喔。

妖怪密情報

化貓

說到貓妖，化貓也是廣為人知的妖怪之一。如其名，化貓是一種會變化成各種樣子的貓妖。那麼，貓又和化貓又有什麼不同呢？

簡單來說，貓又是活了很久的貓咪，連尾巴都分成了兩條。但化貓就不一定，雖然他們也會殺人與改變外貌，卻不見得是長壽的貓。那些被人類殘忍對待之後懷恨在心的貓，為求報復而襲擊人類，就是化貓的由來。

貓又

白藏主

【はくぞうす】

妖怪百貨店

化為和尚的狐狸…

白藏主為江戶時代《桃山人夜話》一書中提到的狐狸妖怪。故事是這樣的：

很久以前，在現在山梨縣甲府市的夢山（夢見山）山麓，住著一位名為彌作的獵人。這座夢山中有一隻年老的白狐，雖然牠有許多子女，卻常被彌作捉走。而寶塔寺的白藏主是彌作的親戚，於是白狐便化為白藏主的模樣到彌作家拜訪，對彌作說「請不要再殺生了」，並留給他一些金錢。

然而彌作很快就把錢花光了，於是已經不是獵人的彌作想去寶塔寺拜訪親戚，看能不能再要到錢。白狐知道了這件事，為了隱藏真相便先趕到寶塔寺，把彌作的親戚殺掉吃下肚！化作白藏主的白狐就這樣騙了人們五十年。但有一次白狐被獵狗看出真面目而被捕殺，終於現出原形——故事到此為止。

書中將化為和尚的狐狸稱作白藏主。事實上，這個故事可能來自日本傳統戲劇「狂言」中的《釣狐》這個劇本。《桃山人夜話》中白藏主的故事，可能是以《釣狐》為本創作出來的。

妖怪密情報

伯藏主

東京都文京區小石川的傳通院也有這種妖怪的傳說，不過在這裡，他的名字叫做伯藏主。某天，一隻狐狸化身成名為伯藏主的和尚來到傳通院，專心研究佛學。伯藏主的研究成果豐碩，受到許多人尊敬。然而某天就寢時，伯藏主不小心露出了原型，他覺得很羞愧，便留下「會守護這座寺廟」一言，消失無蹤。傳通院附近的澤藏主稻荷神社就是祭祀他的地方。

白藏主

二口女

【ふたくちおんな】

妖怪百貨店

兩張嘴的惡女

有些心懷惡意的人，在活著的時候就會變成妖怪。這裡要介紹的二口女，就是心懷惡意的女人所變成的妖怪。

很久以前，現在的千葉市有一名女子很寵愛自己的孩子，卻很討厭丈夫前妻所生的孩子，連飯都不給他吃，最後孩子被活活餓死。

這件事發生後過了一段時間。一日，丈夫正在庭院裡劈柴薪。他奮力將斧頭往上一舉時，後方突然傳來「鏮」的一聲。回頭一看，發現正好經過他身後的妻子倒在地上，頭部後方被斧頭劃開了一道傷口。

還好妻子只是皮肉傷，但傷口卻逐漸變成嘴巴的形狀，頭骨化作牙齒、皮肉化作舌頭。而且，有的時候傷口會突然痛起來，得把食物放入傷口內才能止痛。傷口不僅沒有癒合，還長得越來越像真正的嘴巴，甚至會說著「我不該殺掉那孩子、不該殺掉那孩子……」之類的話。

《桃山人夜話》是江戶時代一本收羅許多怪談的書，這是其中所提到的一則故事。

若心懷惡意，總有一天會得到懲罰。與其悔不當初，不如平時待人和善。

妖怪密情報

艾草浴的由來

過去，突然有一名女子來到一個小氣男子的家，說要當他的妻子。這名女子其實是二口女，她長在頭後的嘴巴一直想吃掉男子。男子躲在艾草叢內，總算逃過一劫。這是另一個二口女的故事。這裡的二口女真身是鬼婆，而鬼婆最討厭的就是艾草。因此在被鬼婆襲擊那天，該名男子將艾草浸在浴槽內藉此趕走鬼婆。這就是五月五日要洗艾草浴的由來。

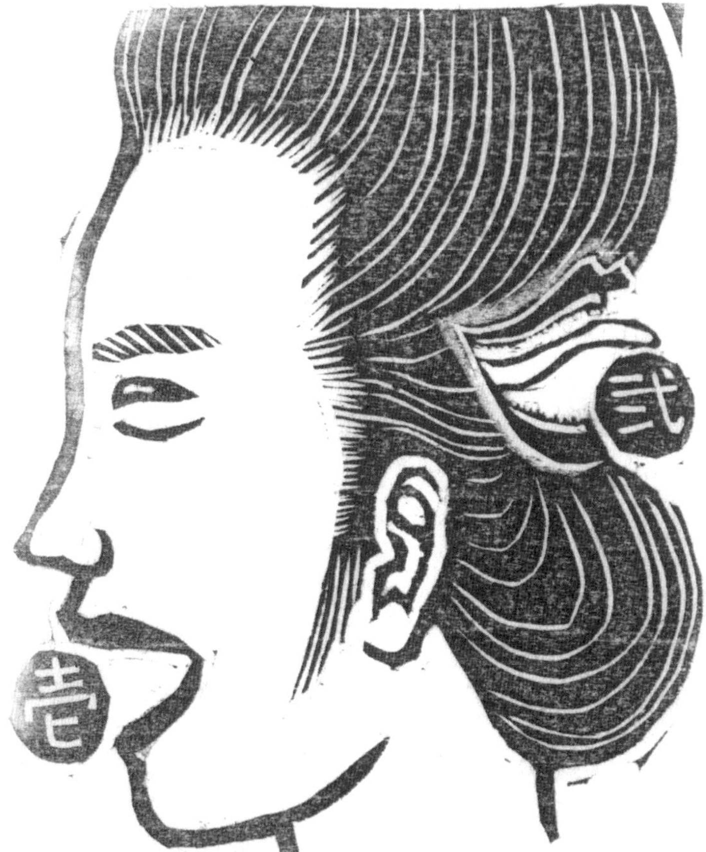

二口女

黏踢踢先生

【べとべとさん】

妖怪百貨店

跟著你的腳步聲

走夜路時，有時會聽到後面傳來腳步聲，好像有人在跟著自己。但是回頭一看，卻沒看到任何人。當停下來，後方的腳步聲也會停下；當繼續走，又再度傳來腳步聲……。奈良縣宇陀郡的人們認為，這就是名為黏踢踢先生的妖怪。

走夜路已經很讓人提心吊膽了，如果後面還跟著一個只有腳步聲的妖怪，光是想像就讓人不寒而慄。不過請放心，黏踢踢先生除了發出腳步聲，再沒有其他花招。而且，如果發現後面跟著黏踢踢先生，只要說「黏踢踢先生，您先請」，就不會再聽到腳步聲了。

「聽到來自後方的腳步聲」這種現象不只出現在奈良縣，全日本各地都有類似情況。有人認為這種現象是腳步聲的回音造成。但前面也提到，只要說聲「您先請」，腳步聲就會消失。或許這真的是妖怪的傑作喔。

其他地方也有類似的妖怪，像京都京丹後市的皮沙咚（ピシャどん）在下雨的夜晚會跟在人後面，發出皮沙皮沙的腳步聲；而福井縣的皮沙纏身怪（ビシャガツク）則是在冬天降霙的夜晚，發出腳步聲跟在行人後方。

妖怪密情報

似有若無的聲音

人們通常看不見妖怪或幽靈，只聽得到他們的腳步聲。日本東北有名的座敷童子也很少讓人看到他的樣子，而是藉由腳步聲或物品移動的聲音，讓人們感覺到他的存在。如果是幽靈，常常只聽得到腳步聲。或許有人曾碰過聽到玄關大門被打開，以及走廊上有腳步聲，拉開紙門，卻沒看到任何人。隔日，竟收到了遠方親戚去世的消息……類似這樣的故事相當常見。

黏踢踢先生

山童

【やまわろ】

妖怪百貨店

隨季節變身

山童這種妖怪的身形與人類小孩差不多，常出沒於日本九州山區。

山童的頭頂凹陷成淺碟狀，手掌有蹼，與河童十分相似。這也難怪，因為山童就是河童為了適應山上的生活變身而成的。

在溫暖的春夏之間，九州地方的河童會待在水邊；到了寒冷的秋冬，便會跑到山上生活。在水邊生活的河童到了山上時，原本光滑的體表會長出毛，變身為山童。

他們是河童時，若附近沒有水源，身體能力會變差，但當他們變身成山童，就算沒有水源也不構成大礙，仍可在山中自由行動。

即使樣子變了，個性卻一點都沒變，還是很喜歡對人類與家畜惡作劇。他們會偷走在山裡工作的人的便當，故意讓牛馬在山中迷路等，以惡作劇為樂。

他們偶爾也會幫忙樵夫工作。只要拜託山童，他們就會幫忙把砍下的木頭搬運到定點。不過，要是沒準備魚或飯糰給他們當作謝禮，可是會被報復的喔。

這種妖怪居然會隨著季節而變身成不同的樣子，真是特別。

妖怪密情報

山裡的河童們

日本九州以外也有山童的同伴，如和歌山縣與三重縣等地的搗蛋童。他們住在河川附近時是河童的樣子；遷移到山裡，就變成了卡蝦蹦。他們的體型約同於六、七歲小孩，只有頭頂處有頭髮，身穿青色衣服。這種妖怪也喜歡惡作劇，以整人為樂。在奈良縣的山中，也有名為木之子的山童。他們看起來就像全身長滿樹葉的小孩，經常會盜取樵夫的便當。

山童

妖怪百貨店

貴賓諮詢室 1

妖怪和幽靈有什麼不一樣呢？

幽靈是人類或動物死掉後，以生前的樣子再度現身。本店將幽靈視為妖怪的一種。因為妖怪指的是「真相未明的事物或現象」，故其中亦包含幽靈。

讓我們換個方式比喻：幽靈之於妖怪，如同長頸鹿之於動物。長頸鹿是一種動物，這應該沒有異議。因此也不會有人提出「長頸鹿和動物有什麼不一樣？」的問題。同理，亦可說明幽靈與妖怪的關係。

妖怪的數量有多少？

事實上，沒有人曉得日本有多少種妖怪，數量又有多少。有人住的地方一定也有妖怪，但卻不是所有妖怪都有留下紀錄。有許多妖怪就這麼被人類遺忘了。

不過有人統計過，單單有紀錄的妖怪名字就有三千個以上，這個數字包含了同一種妖怪在不同地區的名稱。許多妖怪都有兩個以上的名字，像河童就有Kappa、Kabako兩種稱呼。

只有日本有妖怪嗎？

當然不是囉，中國也棲息有許多妖怪。事實上，許多日本的妖怪與古中國的傳說有很大的關聯。

另外，某些國外事物雖然不被叫做妖怪，卻是與妖怪相近的概念，例如歐洲的妖精即是如此。地精（kobold）是出沒於德國的一種妖精，他們與人住在一起，要是給他們食物，便會幫人類做事。這種妖精聽起來是不是和日本的座敷童子很像呢？

2 樓

青行燈

【あおあんどん】

妖怪百貨店

令人寒毛直豎的百物語

夏天是鬼故事的季節——據說江戶時代起便有這種說法。為了減緩夏天的暑氣，大家會聚在一起說鬼故事，漸漸形成了說鬼故事消暑的傳統。此外，傳統信仰中相信祖先的靈魂會在盂蘭盆節時回到人世，或許這也和「夏天要說鬼故事」的傳統有關。

直到現在，到了夏天，電視和雜誌上也常出現鬼故事的報導或專欄。喜歡怪談的人會邀請許多人聚集在一起，舉行百物語大會。

百物語大會中，需說出一百個鬼故事，並準備一百個內有燈心（浸過油，可持續燃燒的細繩）的行燈*，或是一百個蠟燭。每講完一個鬼故事，就熄掉一個行燈或蠟燭。說完一百個故事，最後一個光源熄滅時，妖怪便會現身。

青行燈就是會在百物語大會時出現的妖怪。浮世繪師鳥山時燕的《今昔百鬼拾遺》一書中便提過青行燈。但因為沒有青行燈實際出現過的紀錄，故也有人說這是時燕自己創造出來的妖怪。

或許是因為江戶時代的百物語大會中，使用的行燈都是青色紙糊成的，所以時燕才將大會出現的妖怪叫做青行燈。事實上，還有很多妖怪都是時燕自行創作出來的喔。

*註：行燈，即燈籠

妖怪密情報

百物語的妖怪

據說舉行百物語之類的鬼故事大會時，真的會有鬼怪現身，古書中常可看到這類傳說。例如《怪談老之杖》這本書中就有類似的故事。某夜，廄橋城（群馬縣的前橋城）的年輕武士們舉行了一場百物語大會。講到第八十三個故事時，房間內出現了一個吊著脖子、穿著白色和服的女鬼。女鬼的輪廓清晰，看起來就像真的屍體，不過一陣子後，女鬼的身影便漸漸消失。

青行燈

青鷺火

【あおさぎのひ】

妖怪百貨店

蒼老鷺鷥夜之火光

各位有沒有在田裡或河邊看過體型很大、腳又長的白色鳥類呢？牠們平時會縮起脖子，只有在飛行或是尋找食物時才會伸長脖子探頭探腦。這些鳥大多是鷺鷥的近親，其中有些鳥還有一身藍灰色的羽毛，這些鳥叫做青鷺。傳說青鷺到了晚上會發出光芒。

這就是青鷺火。江戶時代的《今昔畫圖續百鬼》一書中寫到，年老的青鷺於夜晚飛行時，會發出陣陣青光。

此外，一種名為五位鷺（即夜鷺）的鷺鷥，也會在夜間發光。相關紀錄出現在《桃山人夜話》一書，書中稱這種光為五位之光。

這兩種光都只是單純的光而已，並沒有邪惡的氣息，不過看到的人可能會覺得不舒服。明明鷺鷥只是發個光而已，但以前的人卻把牠當成妖怪看待啊。

有些人認為，人們可能只是把某些東西誤認為發光的鳥類。不過，現代確實也有不少人看過其他會發光的鳥類。除了青鷺以及五位鷺，也有人看到飛行中的山鳥會發光。說不定人們看到的光，是鳥類振翅時產生的靜電，而周圍看起來像是在發光而已。

妖怪密情報

白色和服的真面目是？

除上文，還有一個關於鷺鷥的故事。夜晚的江戶四谷附近，有一個穿著白色和服，腰部以下輪廓模糊的妖怪出沒。一名男子想要揭穿他的真面目，於是悄悄從後方接近，但妖怪卻突然回頭，只見他長了一個會發光的大眼。「這什麼東西！」男子大喊，欲提刀斬去，卻發現原以為是妖怪的東西，其實是夜鷺。由於夜鷺披著白色羽毛，晚上看起來就像是穿著白色和服的妖怪。

青鷺火

惡路神之火

【あくろじんのひ】

妖怪百貨店

冷靜下來等待

在人煙罕至的山中會出現鬼火妖怪，許多地方都有這樣的傳說。現在的三重縣玉成町附近，就有一種名為惡路神之火的詭異妖怪出沒。江戶時代的《閒窗瑣談》一書中，便有如下記載。

伊勢國田丸領間弓村（現在的玉成町）的唐津谷內，有一個名為豬草淵的險峻之地。那裡有一個很深的峽谷，峽谷中央有條十八公尺寬的河流。要走到谷底需經過十幾公尺的落差，卻只有杉木做成的木橋可以通行。而且，周圍的山路有許多水蛭棲息，走在山路上的人們一不小心就會被水蛭纏上吸血，是條走起來很辛苦的山路。出現在這種道路條件惡劣，也就是惡路的鬼火，就被稱作惡路神之火。

他們常出現在下過雨的夜晚，看起來就像人們手上拿的提燈內的火光，在山路來來回回遊走。要是偶然在山路上看到這種火光，記得不要慌張。要是慌張逃命，鬼火便會迅速接近，並讓人染上疾病。只要冷靜下來，屈身等待，鬼火便會對人視而不見地通過。

現代似乎已經沒有人真正看過惡路神之火，但要是不小心碰見，請一定要記得正確的應對方式。

妖怪密情報

天狗火

說到碰上便會生病的鬼火妖怪，就一定要提愛知縣與靜岡縣內流傳的天狗火。天狗火是提燈般大小的火球，出沒於夜裡的山中。他們會分成數百個光點來回飛行，最後在河邊或海邊集合。不管離多遠，只要人們大聲喊「喂！」，天狗火便會迅速接近。傳說碰上他們會染上疾病，不過要是馬上趴在地上，並將草鞋放在頭上，便會沒事。這似乎和惡路神之火有點像呢。

3

2

1

B1

惡路神之火

安宅丸

【あたけまる】

軍艦也有意識

過去人們相信，人工製造的器具經過長年累月，會擁有自己的靈魂，甚至變成妖怪。在江戶時代，將軍家擁有的大型軍艦也被認為有自己的靈魂，還會自行出航喔。這艘軍艦就名為安宅丸。

這艘在江戶時代建造的軍艦，需四百個人划槳才能前進，是前所未有的大軍艦。不過由於這艘船過於巨大，在承平時代反而一直派不上用場，於是安宅丸長年停靠在隅田川中。

某個暴風雨的日子，在安宅丸所停靠的隅田川河口附近，有人聽到一陣令人不太舒服的哭聲說著「去伊豆吧、去伊豆吧……」人們追尋這個聲音來源，來到了隅田川附近，卻被眼前景象嚇得說不出話來。暴風雨中居然有一艘巨大的軍艦在大浪中，自動往南邊行駛。無人操作的安宅丸往東京灣駛去，一直到神奈川縣的三浦三崎，才被人成功擋了下來。

江戶流傳，安宅丸是在靜岡縣伊東的造船廠建成的，所以才想回到故鄉伊豆吧。

與其一直停放在河中，失去表演的舞台，不如回到自己誕生的故鄉。說不定安宅丸是這麼想的呢。

妖怪密情報

樹木也「想回家」

不會講話，卻會發出「回去吧」的哭聲，這種情形常見於岩石與植物上。例如織田信長曾看中大阪府堺市妙國寺內的一株大蘇鐵，便將它移植到安土城，卻聽到蘇鐵發出「回去吧、回去吧」的哭聲。由於聽起來很不舒服，於是又將它遷回妙國寺，之後便再無聲響。不管是植物還是岩石，或許都有自己喜歡的地方。要是隨意移動它們，便會發出想回家的哭聲。

安宅丸

伊久智

【いくち】

黏滑的大鰻

傳說歐洲大海裡有著看起來像巨大海蛇的怪物，這種怪物名為Sea serpent。日本的海域也有類似的怪物，稱作伊久智或伊久盡。不過在日本出現的不是海蛇，而是看起來像巨大鰻魚的怪物。

伊久智棲息在關東南邊的海域，身體很長，或許長達幾百公尺。只要看到船經過，就會伸出長長的身體，往船身撲去，越過船身再次進入水中。雖然伊久智不會做出什麼破壞，但由於他的身體實在太長，越過船身可能就要花上數小時至數天不等的時間。

伊久智的身體像鰻魚一樣佈滿黏液，越過船身時，會有許多黏液滴下來。要是不管這些黏液，船會因為過重而沉沒。乘客只好一點一點將黏液清出船外。

顯然伊久智的目的並非讓船沉沒，但也沒有人知道他真正的目的是什麼。

雖然不是什麼恐怖的妖怪，但他會一直分泌黏液滴落，說是個會給人帶來困擾的妖怪，倒也沒什麼不對。

妖怪密情報

耳袋的記載……

江戶時代寫成的《耳袋》一書中，提到八丈島一帶的海域也有伊久智出沒。書中寫到：八丈島的伊久智看起來就像小隻的鰻魚，沒有眼睛也沒有嘴巴，而是把身體圈成一個圓圈，在海裡悠游。由此可知，大隻的伊久智或許也是把身體圈成圓圈狀，在船的周圍繞著船身轉動吧。也就是說，伊久智會咬著自己的尾巴，在船的周圍轉啊轉的，但真的是這樣嗎？

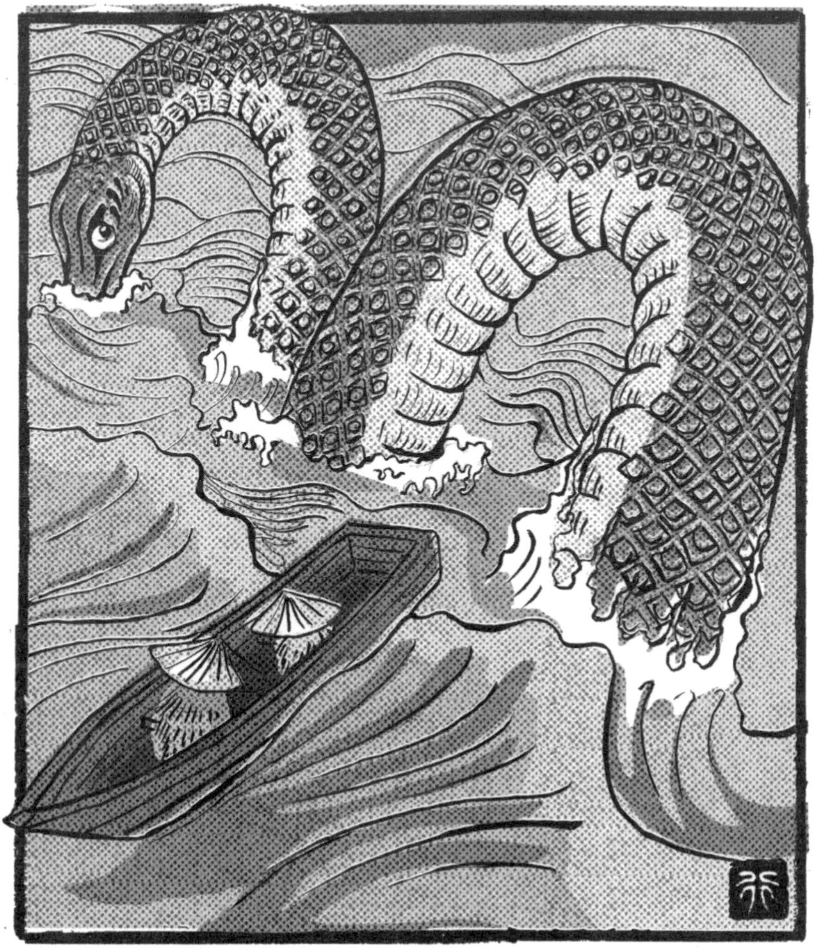

伊久智

圍棋精

【いごのせい】

沉迷於此之後……

一月五日是日本的圍棋日。奈良時代以前，圍棋就從古中國傳到了日本。或許因為圍棋這技藝歷史悠久，有人說圍棋內寄宿著精靈。

很久以前，在江戶的牛込（現在的東京都新宿區），住著一位名為清水昨庵的人。他非常喜愛圍棋，一直沉迷於棋局中，連睡覺都捨不得。但他卻很少下贏別人，於是周圍的人都把他當笨蛋。

某年春天，他來到一座名為圓照寺的寺廟，一個人在寺內賞花，中途有兩名男子向前搭話，一名膚色偏白，另一名偏黑。兩人說的話很有意思，於是昨庵便問了他們姓名，黑皮膚的人說自己是住在山上的知玄，白皮膚的人則說自己是住在海邊的知白。他們接著說：「其實我們和你在很久以前就已彼此熟識囉。」語畢，兩人便咻的一聲消失無蹤。其實兩人正是圍棋的精靈。因為昨庵對圍棋愛不釋手，所以化作人類的姿態接近昨庵。

此後，昨庵的棋藝大有精進，並成了江戶最厲害的圍棋名人。

若一個人持續對某項事物懷抱熱情，無論那是什麼，只要堅持到底，就會出現精靈，幫助人增進技藝喔。

妖怪密情報

繪馬的精靈亦同

就像圍棋精，世界上還有許多技藝或興趣的精靈幫助人類的故事。繪馬即為一例。繪馬是在神社祭神時使用的木板。很久以前，一位淺草的醫生因個人興趣而熱衷研究繪馬。某次，他進到一個大堂內躲雨時，一位陌生老人突然現身，傳授他製作繪馬的技巧。這名老人就是繪馬的精靈。

若各位熱衷於某項事物，說不定這個領域的精靈就會出來幫助各位喔。

圍棋精

野豬笹王

【いざさおう】

妖怪百貨店

只在十二月二十日出現

奈良縣有一座名為伯母峰的山。傳說這座山中住著一隻巨大的野豬，名為野豬笹王。他的背上長著密密麻麻的熊笹（山白竹），故名之。

過去，野豬笹王曾被一位名為射馬兵庫的獵人以火槍殺死。若是普通的野豬被射死，故事便到此為止，然而野豬笹王這個妖怪卻以亡靈之姿再次甦醒。他對射馬兵庫心懷仇恨，想殺掉他卻一直辦不到。

無法遏止怒火的野豬笹王變成一隻單腳的妖怪，回到了伯母峰，時常襲擊旅行者，波及無辜的人們，成了惡事做盡的惡獸。

過了一段時間，一位法力高強的僧人經過此地，將野豬笹王封印於地藏石像中，但又覺得，若一直封印他也太可憐了，於是就加了一個條件，讓野豬笹王在十二月二十日這天可以自由行動。

此後，每到十二月二十日，變成單腳妖怪的的野豬笹王便會出現在伯母峰襲擊路人。因此，當地的人們在這天絕對不會進入山中。這就是野豬笹王的故事。

妖怪密情報

鹿亦同

其實不只奈良縣，兵庫縣也有一個名為「為笹王」*1的野豬笹王傳說；兵庫縣姬路市的鹿之壺也有類似的故事。不過這裡的主角不是野豬，而是鹿妖，名為伊佐佐王*2。伊佐佐王是一頭體型很大、背上長有許多笹的鹿，他因經常危害人群而被驅離。伊佐佐王逃離時在河岸岩壁上挖了許多洞，這些洞就被稱作鹿之壺。現在這裡可是相當有名的觀光景點喔。

*註1：為笹王與野豬笹王的日文同音。
*註2：伊佐佐王的日文讀音亦與野豬笹王相同。

野豬笹王

應聲蟲

【おうせいちゅう】

妖怪百貨店

肚子上的人臉

這是發生在江戶時代的故事。有個男人的肚子突然長了一個大瘤，吃藥沒用，醫生都束手無策，家人們只能窮擔心。後來男人便以衣物遮住瘤，不讓人看到。

過了一段日子，某天，男人與家人們用餐時，不知從何處傳來喃喃細語的聲音。當下，男人顯得很困擾，於是他向大家說明：「事到如今也瞞不下去了，坦白說，長在我肚子上的瘤其實是……」他邊說邊解開衣物露出肚子，只見他肚子上長著一張人臉！肚子上的瘤居然變成了一張臉！正當家人們驚魂未定，就見看起來像嘴巴的部分一開一合的抱怨起來：「快給我飯吃！」

這是名為應聲蟲的寄生蟲妖怪。被這種蟲寄生之後，肚子會長出人臉般的瘤以及嘴巴，嘴巴會想吃食物。要是不給食物，就會說出一堆很可怕的詛咒，被寄生的人會被詛咒纏身，臥病不起。

治療方法只有一種，就是讓瘤的嘴巴吃藥，把他討厭的藥物用各種方法硬塞到他嘴裡。若是順利，宿主就會從肛門排出奇怪的蟲，這樣就能治好瘤了。這種妖怪真的很噁心！

妖怪密情報

這不是特技表演喔

江戶時代的京都，有位女性深為應聲蟲所苦。有人聽說這件事後，想把這名女性的情況當成奇人異事來宣傳，以大賺一筆，於是他去找了這名女性。但這名女性卻說：「肚子發出的聲音被聽到時，我恨不得找個洞鑽下去。」並表示她不可能暴露自己肚子會發出聲音的真相。據說那位想藉此來發財的人，因如意算盤沒打成而相當懊惱呢。

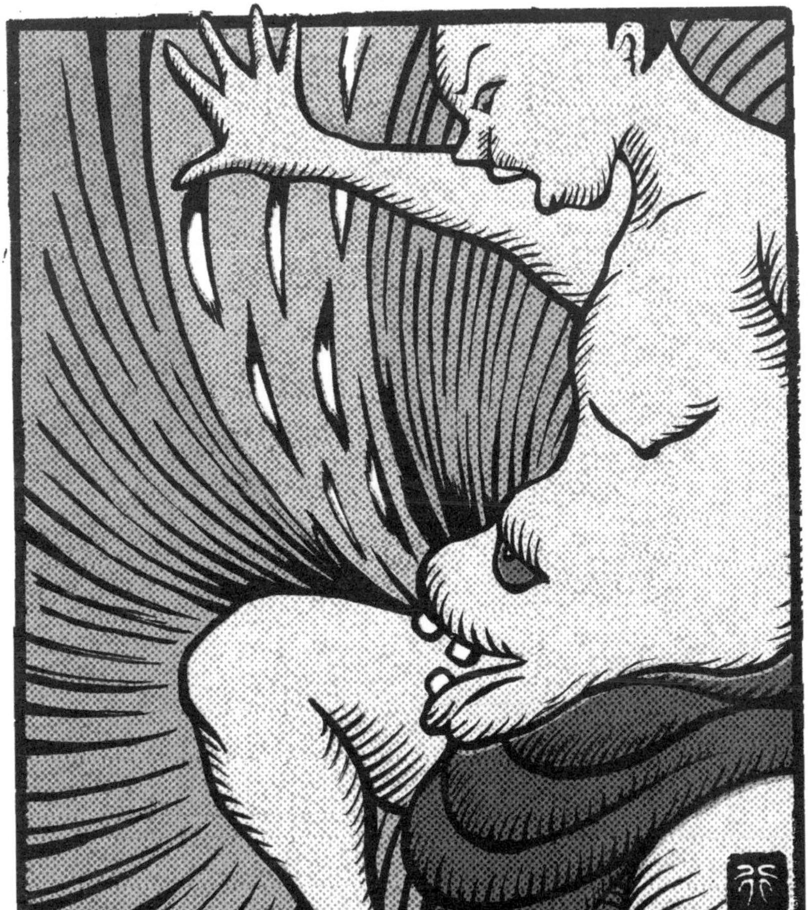

應聲蟲

後送狼

【おくりおおかみ】

妖怪百貨店

敵人是最有力的隊友

日本曾經有原生的狼棲息，但現在已經絕種了。夜晚，狼群會埋伏在山路上，襲擊來往的行人，是一種相當恐怖的動物。特別是緊追在人後面的狼，人們都稱他們為後送狼或後送犬。

後送狼有時成群結隊，有時單獨行動。若有人走夜路，他會緊跟在人後面，等待攻擊時機。若不小心跌倒，後送狼便會撲上去。不過，要是在快跌倒時，脫口說出「稍微休息一下吧」，或「來吸口菸唄」，裝作是自己故意跌倒的樣子，那麼後送狼便不會攻擊。

狼會一直跟著行人回到家門前，這就是後送狼這個名字的由來。平安回家的人會對狼說：「辛苦了。」並給狼愛吃的鹽或紅豆飯。

後送狼明明會攻擊人，為什麼還要給他們愛吃的食物呢？很奇怪吧。其實，由於後送狼力量高強，若有人被後送狼盯上，其他妖怪便不會靠近。換句話說，後送狼有驅逐其他妖怪的功效，因此最後要給他們一些禮物表示感謝。只要知道跌倒時的應對方式，後送狼也可以是很有力的隊友。

妖怪密情報

狼信仰

後送狼出沒在夜晚的山路，原本是旅人避之唯恐不及的妖怪，但在知道應對方式之後，卻能成為保護旅人不為其他妖怪所害的守護神。這種「狼會保護人類」的觀念，一般認為與狼信仰有關。狼又被稱作大口真神，自古以來被視作神明。現在，埼玉縣秩父市的三峰神社、靜岡縣濱松市的山住神社、兵庫縣養父市的養父神社等地，狼都是被當作神明或使者祭祀的。

後送狼

鵞鳥森

【があーなーむい】

變成島的怪物

很久以前，沖繩的漫湖中住著一個巨大的怪物。他的外表與鯨魚相似，常舞動著長長的尾巴，攻擊船隻或岸上的人們，當地人十分困擾。

這個怪物覺得人們四處逃竄的樣子非常滑稽，因此更想製造混亂來騷擾人群，於是，這個怪物想到可以吃掉湖東側的真玉橋。居然會想要吃掉橋，果然是個怪物。

當湖中怪物往橋的方向游過去，天外突然飛來一顆巨石，正中怪物的尾巴。怪物越是掙扎，巨石越壓得怪物不能動彈。最後怪物終於停止掙扎，就這樣變成了一座島。據說，這是神明為阻止怪物危害人間，所以丟巨石以鎮住怪物。

雖然原本是怪物，變成島之後卻安分許多，這座島也成了許多水鳥休息的地方。群聚的水鳥不斷發出嘎—嘎—的鳴聲，此後，這座島就被叫做鵞鳥森。

現在，鵞鳥森周圍已被填實，島的樣子亦不復見，不過在那霸大橋附近，仍留有一座小小的森林。

妖怪密情報

風獅爺

也許變成島的妖怪還沒放棄要吃掉真玉橋，所以偶爾會有怪風颳過這座橋。因此當地人設置了驅魔用的風獅爺，面朝鵞鳥森。不過，這個風獅爺在戰爭中毀損，現在已找不到它的蹤影。順帶一提，風獅爺是以獅子為原型的辟邪物，與神社的狛犬相似，它們的由來可追溯到設置於古印度或古埃及神殿內的獅像，藉由獅子強大的力量驅趕惡魔。

鵟鳥森

海難法師

【かいなんほうし】

心懷仇恨的地方官化做惡靈

包含大島、三宅島、新島在內的伊豆群島（屬於東京都），到了一月二十四日的夜晚，名為海難法師的惡靈就會從海上悄悄來到。

海難法師的傳說是這樣的。

很久以前，伊豆群島有個時常為難百姓的地方官。百姓們受不了地方官的壓迫，於是挑了一個海象不穩的日子，唆使地方官坐船巡視。這位地方官出海後，突然颳起了狂風暴雨，船很快就沉了。這時地方官才發現自己被島上的人們欺騙。地方官溺死在海上後，他仇恨的心變成了惡靈，以海難法師的模樣回到島上。

這個地方官於一月二十四日死亡。傳說看到海難法師的人會被詛咒，因此這天所有人都足不出戶，亦不與人交談，以免碰上海難法師。

此外，三宅島在海難法師前來的那天，住在村內藥師堂的貓咪們不知為何會跟在海難法師後頭。貓咪們會發出「借我盤子、借我碗筷」等，聽起來讓人不舒服的聲音，挨家挨戶的喊著。島民們都會裝作沒聽到，很早便就寢。

妖怪密情報

例行活動造成的誤會

海難法師之所以在每年的一月二十四日到來，是因為這天是伊豆群島每年例行舉辦日忌祭的日子。為了迎接神明，這天人們不工作，也禁止外出走動，所以大家只能把自己關在家裡。然而不知從何時開始，這個習俗卻被說成是「因為有恐怖的怪物在外面走動，所以最好把自己關在家」。海難法師大概就是在這樣的誤會下產生的妖怪吧。

海難法師

蝦蟆

【がま】

妖怪百貨店

只給人奇怪的印象

蝦蟆其實就是蟾蜍。在森林、草原、住家周圍，常可發現牠們的蹤跡。蝦蟆屬夜行性，白天經常一動也不動，躲在潮溼陰暗的地方，身上長著一顆顆突起的疣。自古以來，蝦蟆給人的印象就是一種奇怪的動物。

江戶時代，一位名為根岸鎮衛的人寫了一本《耳袋》，裡面就有關於蝦蟆的故事。

在一個日式大宅內，住著一個病人。這個人有天發現，靠近屋緣走廊的小動物們會被吸進走廊地板下，消失無蹤。於是他拆開地板，想看看到底是怎麼回事，結果發現地板下躲著一隻大蝦蟆，旁邊還散落著許多動物的皮毛和骨頭。他馬上殺了這隻蝦蟆，之後，他的病就漸漸好轉。書上說，這是因為蝦蟆會吸取人類的精氣。

此外，傳說蝦蟆與狐狸和狸貓一樣，也會用變身術。蝦蟆可以變成武士，也可以變成詭異的鬼火，忽隱忽現地四處飄蕩。而且，要是蝦蟆瞪向貓，還可以讓貓變成一坨黏答答的液體，這就不曉得是哪門子妖術了。總之，蝦蟆有許多神奇的傳說，特別是活了很久的蝦蟆，常有不可思議的力量。

妖怪密情報

蛙界大戰

鎌倉時代寫成的《古今著聞集》中，記錄有一場發生在京都的蛙界大戰。河道上聚集了大量的青蛙，牠們分成敵對陣營展開了一場拼鬥，住在附近的人們認為這是即將發生不吉之事的預兆。

這裡的青蛙，應該就是蝦蟆。蝦蟆在初春之際，會為了產卵而聚集在水邊。可能是人們看到河邊聚集了眾多蝦蟆，以為牠們在彼此打鬥，才會誤會是蛙界大戰。

蝦蟆

川螢

【かわぼたる】

妖怪百貨店

雨夜的亡靈

江戶時代的赤松宗旦曾寫過一本名為《利根川圖志》的書，書中寫到，千葉縣的印旛沼會出現一種稱為川螢的神秘鬼火。火的大小和皮球差不多，火焰的顏色則與螢火蟲相似，發出青色與白色的光芒，因此以川螢稱之。

夏秋之際，川螢常出現在夏秋之際下雨的夜晚。他們會飄忽不定地飛在水面上三十到六十公分左右的地方，時而聚集時而散開。偶爾會突然高速衝刺飛行，像是剛射出的箭一樣勢如破竹。

川螢有時會飛入在河上捕魚的漁船，這時如果拿棒子驅趕，火光會被打散，並飛濺到漁船內的牆上。當下可能會嚇到人，但這種火並不會讓東西燒起來，所以不會釀成火災。

然而，如果用棒子去打川螢，會產生非常難聞的強烈腥臭味，而且會在船內留下像油汙般黏稠的汙漬，用力刷洗也很難洗掉。所以看到川螢的時候，最好不要隨便拿棒子打他們。

川螢還有另一個名字是亡者的陰火，所以也有人認為他們的真面目是死者的靈魂喔。

妖怪密情報

留下的惡臭……

要是揮打川螢，就會散發腥臭味，並留下黏稠的油漬。其實不是只有川螢會這樣，在《耳袋》中，有個看得到人類靈魂的人的故事。他看到一個人的靈魂在草叢中，於是上前確認狀況，卻聞到了奇怪的濃烈惡臭，地面上則黏著一坨泡沫般的東西。隨後，這坨泡沫化為無數的小蟲，緩緩飛起。雖然是個有點奇怪的故事，但說不定能成為揭開川螢真面目的線索喔。

川螢

狐狸娶親

【きつねのよめいり】

雨的簾幕

明明是晴空萬里，卻突然滴滴答答下起雨。現在我們稱這種天氣為太陽雨，而過去日本人則把這種現象稱作狐狸娶親。

狐狸的結婚典禮常會於某個隱密的地方進行，但迎親隊伍卻相當顯目，為了不讓人類發現，牠們會施法降雨。所以人們才會認為大晴天卻突然下雨，是狐狸在娶親。

即使如此，偶爾還是會有人看到迎親隊伍。江戶時代的江戶就有這樣的故事。

一天，本所的隅田川渡口來了一個武士家族的男侍，對渡口主人說：「今晚我們家的娶親隊伍會由此渡河，請幫我們準備多艘渡船。」並留下大量金錢。到了午夜，真的出現了規模龐大的娶親隊伍，船家便慎重地將他們送到對岸。渡口主人與船家因收到了大量金錢而開心不已，但到了隔天早上，這些錢全變成了葉子，這才發現他們被狐狸給騙了。

當時人們謠傳，這支狐狸娶親隊伍，就是從現在的東京都葛飾區金町的半田稻荷神社，一路走到淺草的安左衛門稻荷神社。

對狐狸來說，渡河是小事一樁，然而或許是穿戴華麗服飾的新娘不想讓身上的服飾溼掉，所以想請人擺渡吧。

妖怪密情報

狐狸妝扮的隊伍

狐狸娶親的隊伍幾乎不曾完整出現在人們面前。人們看到的通常是隊伍提燈所發出的燈火。自古以來，新潟縣阿賀町的麒麟山便常傳出有人看到提燈隊伍的光點。人們相信看到燈火的那年會豐收。

以此傳說為背景，阿賀町在每年的五月三日都會舉行「津川狐狸娶親」祭典。扮演新娘的人以及隨行人員都會扮成狐狸在市區內遊行。

狐狸娶親

敬白妖怪

【けいはくのばけもの】

忘記怎麼寫「敬白」二字

近年來，還在用紙筆寫信的人越來越少了呢。手寫信件的寫法有固定格式，信件的開頭與結尾分別要寫上拜啟與敬具（此指日本書信）。在正文前後加上這些詞，是為了表達對收信人的尊敬。

而敬白這個字，常寫在書信等文章末尾，用以表示尊敬。那麼，敬白妖怪又是什麼樣的妖怪呢？

很久以前，在岩手縣花卷市有一個花卷城，在並排著武士家宅的街道中，有一條小路通往護城河。夜裡走過這條小路時，會出現一個臉色青白的小僧，對經過小路的人悲戚喊著「敬白、敬白」。這時，如果路人用手指在小僧的掌上寫下「敬白」兩個字，小僧便會露出恍然大悟的表情，咻一聲消失蹤影，這就是敬白妖怪。

雖然現在已經看不到了，但過去的小路附近有一間寺廟。一次，那裡的小僧被住持叫去寫護身的符咒。可是，小僧卻怎麼樣也想不起來「敬白」這兩個字要怎麼寫。住持大發脾氣：「怎麼會寫不出來！」訓斥了小僧一頓，小僧因此自殺。此後，寺廟附近的小路便出現了敬白妖怪。其真面目就是小僧的幽靈。

妖怪密情報

鑽牛角尖的後果

因為不會寫敬白二字而惹怒住持，為此傷心不已而自殺的小僧變成了妖怪，在每個路過者面前現身，詢問「敬白」要怎麼寫。

京都府龜岡市內流傳的算盤坊主也跟這妖怪很像。一位不擅長打算盤的小僧，被住持責罵後自殺。此後，到了夜裡，寺廟附近便會出現小僧的幽靈，不停撥動算盤。如果有人因鑽牛角尖而死，就有可能會變成妖怪喔。

敬白妖怪

高岩寺小僧

【こうがんじこぞう】

狸貓也會聽經喔

東京的巢鴨地藏通商店街被稱作婆婆們的原宿。這裡的高岩寺以拔刺地藏聞名，寺內還有個小僧稻荷神社。這個稻荷神社祭祀的是一隻狸貓。因為這隻狸貓常變身成外貌奇特的小僧，或是其他妖怪，因此也被叫做高岩寺小僧。

高岩寺原本位於上野車站的東側，也就是現在岩倉高等學校的位置。在一八九一年才搬到現址。

高岩寺小僧的故事發生在高岩寺搬遷之前，也就是江戶時代（一六〇三～一八六七年）到明治時代（一八六八～一九一二年）這段時間內。那時，高岩寺的住持誦唱經文時，都會有一隻狸貓出現在本堂。沒人注意到本堂上何時多了一隻狸貓，只見牠每天都很認真聽經，住持也很照顧這隻狸貓。

住持死後，狸貓仍繼續住在寺內。若看到有人亂丟垃圾、隨地小便，狸貓就會化身成外貌奇特的小僧或是三目入道，趕走不守規矩的人。因此高岩寺便把狸貓當作稻荷神祭祀，將其正式立為高岩寺的守護神。這就是高岩寺小僧的由來。

擁有變化能力的狸貓，大部分都是把人類耍得團團轉，但其實也有這種善良的狸貓喔。

妖怪密情報

把動物當作寺廟的守護神

除了高岩寺小僧，還有許多擁有特殊能力的動物成為寺廟守護神的例子。最常見的是狐狸。有些狐狸像高岩寺的狸貓一樣，對佛經感興趣而成為了守護神，也有的狐狸被寺廟住持救了性命，為了報恩而成為寺廟的守護神。

有些街道上或寺廟內的小小祠堂旁會立著一塊說明板，解說其由來。各位不妨仔細看看，說不定其中有著妖怪傳說的有趣故事喔。

高岩寺小僧

逆柱

【さかばしら】

妖怪百貨店

上下不可顛倒

建造一棟建築時，土木技術是不可或缺的，而且，對於木材本身的性質也要了解透徹。

用作建材的木頭有其方向性，原本朝向天空的一端應位於上方，原本朝向根部的一端應位於下方。立起建物的柱子時，通常會讓原本朝向根部的一端在下方。木工們工作時會特別注意木材的方向。據說，要是不小心讓原本朝根部的一端朝上，將會發生不祥之事，因此木工們會小心不要出錯。而方向顛倒的柱子就叫做逆柱。

江戶時代，由井原西鶴所作的《西鶴織留》一書中提到，京都的六角堂前，某個住家內就有一根逆柱。每到夜晚，樑會發出陣陣怪聲，像是快壞掉般。由於每天晚上都會傳來這樣的怪聲，住戶一天比一天恐懼，最後終於搬離該處。

像這種「有逆柱的住家會聽到奇怪的聲音，是不祥的徵兆」的說法便一直流傳至今。

江戶時代，逆柱是一種很有名的妖怪。浮世繪師鳥山石燕所作的《畫圖百鬼夜行》中，也有描繪出方向相反的柱子變身成小小的妖怪跳出來的模樣。

妖怪密情報

故意方向相反

逆柱也被人用來當作咒語。日光東照宮的陽明門就有一個很有名的逆柱，那根柱子的雕刻花紋與其他柱子上下相反。

建築物有其壽命。在建造完成的同時，亦開始了毀壞的倒數。因此，建築者把柱子倒過來，以表示建物尚未完成。其意義為「因為還沒完成所以不會毀壞」。雖然不是妖怪，但如果有機會參訪日光東照宮，不妨找找看這根逆柱。

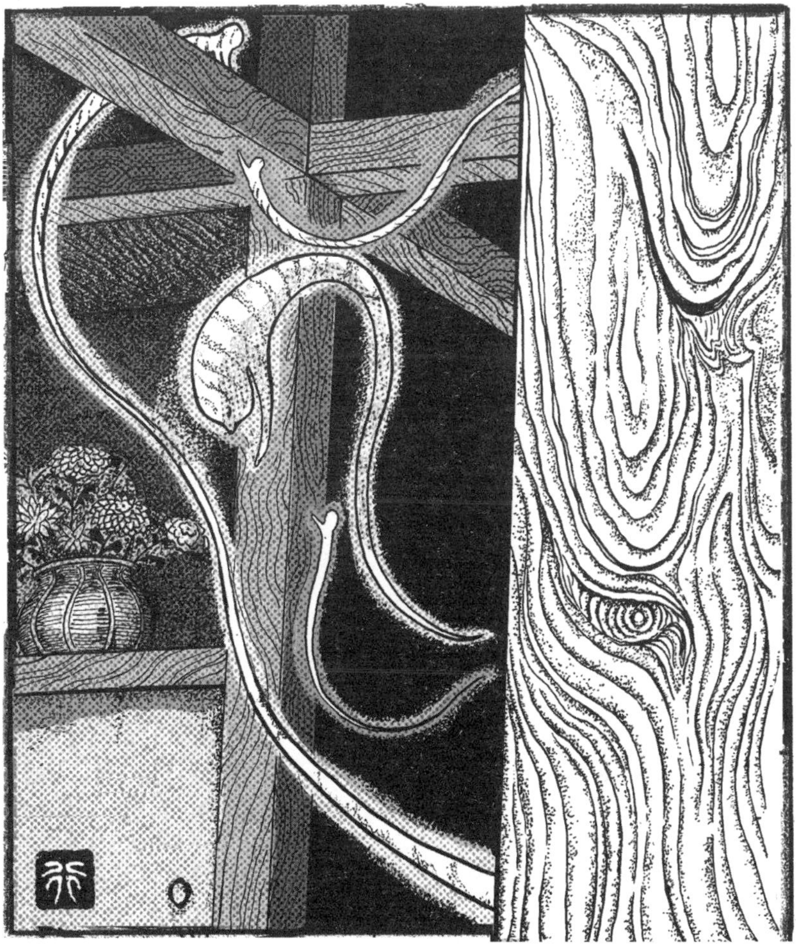

逆柱

三目八面

【さんめやづら】

妖怪百貨店

真面目是……大蛇？

高知市的土佐山地區，流傳一個奇異怪物的故事。這個怪物的名字叫做三目八面，日文可讀做sanme yadura、mitsume yadura，或mitsume hachimen，現在已沒人能確定到底是哪種念法，而且也沒人知道這種怪物長什麼樣子，只知道傳說中他有著三隻眼睛和八張臉。

很久以前，三目八面出沒於土佐山的中山，會襲擊並吃掉路人。土佐山領主的弟弟注連太夫知道後便說：「讓我來擊退他吧！」之後他在中山放火，只見三目八面倉皇逃竄，地面為之震動，最後終於掙扎著被燒死。

這就是三目八面的傳說。但聽完這個故事後，不僅無法想像這個怪物的模樣，可能還覺得故事沒什麼震撼力。其實在傳說的最後記載到：「三目八面的屍體，大到涵蓋了兩個村落。」可見，三目八面的身體還真是長得不可思議，或許他的真面目是大蛇喔。

同縣的香美市物部地區，也有一個關於大蛇的傳說，這種大蛇名為八面熲，擁有八張臉。因為這兩種怪物的故事在同一縣流傳，名字和特徵都很相似，因此不排除三目八面的真面目就是大蛇的可能。

妖怪密情報

誰說的對呢？

平安時代的長野縣安曇野地區有一個擁有八張臉的日本鬼，他的名字叫八面大王。他有許多手下，在地方上惡事作盡，後來被一個名為坂上田村麻呂的武將驅逐。

然而，當地卻流傳著另一個完全相反的傳說。對當地人來說，八面大王是一個愛好和平的地方大老，但因為不服從當時的中央政權，於是被政府派兵剿滅。有興趣的人不妨調查看看哪個才是真相吧。

三目八面

出世螺

【しゅっせぼら】

妖怪百貨店

飛昇為龍的法螺貝

各位聽過法螺貝嗎?那是一種住在海裡,長約三十公分的大型螺類。日本修驗道一派的修行者會吹奏這種螺類,也是常用於佛教儀式的吹奏樂器。

蒐集江戶時代怪談的《桃山人夜話》中,記錄有由法螺貝變成的妖怪,這種妖怪叫出世螺。

書中記載,除了在海中,也能在山中見到法螺的蹤跡。他們在山裡的土中生活三千年,在村落中生活三千年,接著再到海裡生活三千年,最後終於修煉成龍,一躍升空,直奔天際!原本只是一個海螺,卻能以龍的姿態重生於世,故人們叫他出世螺,這個過程則稱為法螺破蛹。

法螺破蛹時,常有激烈雷雨,山巒震動如地震。法螺在的地方則會裂開一個大洞。

傳說靜岡縣濱松市的濱名湖就曾發生過法螺破蛹。現在的濱名湖與海水相連,但過去曾是一個獨立的湖泊。室町時代發生了一次地震,使沙洲崩解,才讓湖水與海水相連。謠傳這個地震就是由法螺破蛹所引起,據說當時所留下的痕跡,可以從沙洲原本所在的舞阪一直延伸到弁天島附近,看來這個法螺相當龐大呢。

妖怪密情報

法螺破蛹傳說

其實各地都有法螺破蛹的故事,像是東京荒川地方的西日暮里地區就有類似的傳說。西日暮里站以東有一個名為道灌山的小丘陵,謠傳這裡沉睡著一個法螺貝。一八七二年(明治五年)某日,在激烈的暴風雨下,北側的懸崖崩落,裂開了一個大洞。看到這一幕的當地人士,紛紛表示這是由法螺破蛹造成的。說不定在各位居住的地方,地底下也沉睡著一隻巨大的法螺貝喔!

出世螺

精螻蛄

【しょうけら】

妖怪百貨店

向天帝打小報告

浮世繪師鳥山石燕所作的《畫圖百鬼夜行》中，有一種名為精螻蛄的妖怪。書中提到，精螻蛄的外觀與人相似，會從屋頂的窗戶窺視屋內。然而石燕的書中沒有提到，這種妖怪其實就是會在庚申日夜晚出現、名為三尸的蟲。雖然被叫做蟲，他卻有著人形的外表。

三尸蟲與古代中國的道教息息相關，分別藏身於人類的頭、胸、丹田等處，平時會監督人類的所作所為，到了庚申日夜晚，便從身體脫出，飛昇天庭，將這個人做過的壞事告知天帝。一旦他們打了你的小報告，你的壽命便會縮短，是個找人麻煩的妖怪。

因此，過去人們到了庚申日的夜晚便索性不睡，讓三尸蟲，也就是精螻蛄找不到機會溜出來。也有名為庚申講的集會，讓許多人聚集在一起度過不睡覺的夜晚。

順帶一提，所謂的庚申，是舊時曆法的記日，就像現在星期幾一樣。不過那時的曆法是以六十日為一個週期。

或許石燕所描繪的精螻蛄剛向天帝報告完，正要回到寄宿者身邊，才會在屋頂的窗外等待機會溜進來喔。

妖怪密情報

青面金剛

在日本的路邊或神社、寺廟境內，你是否看過有六隻手，旁邊還有三隻猴子的石造佛像呢？這尊佛像是青面金剛。若仔細瞧，可以發現青面金剛的其中一隻手正抓著一個小人的頭髮。這個小人就是三尸蟲，也就是精螻蛄。青面金剛在關東地方相當常見，試著找找看吧。

精螻蛄

算盤坊主

【そろばんぼうず】

也太認真

算盤就是以前人的計算機。有種妖怪會一直撥打算盤，發出啪機啪機、撒拉撒拉的清脆聲。他是算盤坊主，也有人叫他算盤小僧。

他出現在京都府龜岡市的西別院町笑路。這裡有座西光寺，過去寺內有一棵榧樹，若在晚上經過樹下，會突然出現一位小僧，認真地撥弄著算盤。

光憑這樣的說明，或許各位覺得聽起來像是鬧劇裡的搞笑角色。但請再仔細想像，在一片黑暗的夜路，突然有個來路不明的小僧現身，面無表情地瘋狂撥打著算盤。光想像畫面就令人不太舒服。

這個妖怪的真面目是一位算錯帳而惹怒住持的小僧，由於受到住持斥責，在榧樹上吊自殺。不過這個故事未免太過簡短，因此也有人說，算盤坊主其實是衍伸自西光寺住持年輕時發生的故事。

住持還是小和尚的時候非常用功，在大部分人都睡著時，仍會偷偷學習。當時人們不小心窺見他認真的樣子，以為是妖怪，於是便傳出算盤坊主的故事。

此外，也有人說算盤坊主是狸貓的惡作劇。實際上到底如何，現在仍沒有定論。

妖怪密情報

幽靈？妖怪？

前面寫到，算盤坊主的真面目是自殺死者的亡靈。若是這樣，他不就不是妖怪，而是靈魂了嗎？

會有人這麼想也不奇怪。基本上來說，所謂的妖怪，泛指各種無法理解的神祕物體與神秘現象。因此，把幽靈視為妖怪的一種也很正常吧。而且，如果是一個由不知何許人的靈魂所引起的現象，我們通常不會稱其為幽靈，而是會把他歸類為妖怪喔。

算盤坊主

提馬

【だいば】

妖怪百貨店

從鼻孔到屁股

在沒有汽車和電車的時代，只能依賴牛、馬等動物來運送貨物。靠牛、馬勞動討生活的人，非常重視這些動物。然而，不論人們再怎麼小心，也難以防止有妖怪會殺害這些動物。

提馬這種妖怪，特別會襲擊馬匹，常出現在東海道（古時由東京到京都的主要道路）的路上。

原本好端端的馬突然發出慘叫，不待人們發覺便「啪」一聲倒下、死亡。這是因為有個很小的妖怪從馬的鼻子侵入，然後又立刻從馬屁股跑了出來。這種小小的妖怪就叫做提馬。

關於提馬的外觀有很多種說法。有人說他看起來像騎著一隻小馬的魔女，也有人說他像車輪般迅速轉動，並在周圍颳起旋風。不過他出現的時期倒是很固定，大約是在四月到七月間，尤其常出現在五月與六月中晴時多雲的日子。

阻止提馬傷害馬有幾種方法。如果馬已被襲擊，可切開馬耳朵放血，或者用布把馬的頭蓋起來。如果想預防馬被襲擊，則可為馬穿上腹當（像是腹捲一樣的東西），這樣提馬就不會找上門來。

看來妖怪襲擊的對象，不限於人類啊。

妖怪密情報

物理學家．寺田寅彥

曾有學者——寺田寅彥從科學角度說明提馬引起的現象，他是活躍於明治時期到昭和時期的物理學家。他研究了提馬出現的場所、時間，以及馬被襲擊的樣子，推測提馬可能是一種空中放電現象。雖然馬對電流的耐受程度比人類要低，但自然界的空中放電只有雷電。如果是打雷使馬暴斃，那麼附近的人們應該也無從倖免。看來關於提馬還存在著許多謎題。

提馬

銅罐子

【どうかんす】

妖怪百貨店

會喝酒的罐子

傳說長野市的松代地區有一種奇妙的妖怪出沒。

松代的領主真田信之帶著一位名為鈴木右近的家臣去捕魚，他們在當地的金井池撒下漁網時，卻發現漁網像是被水中的某個東西勾住，難以收回。右近一鼓作氣拉起網來，只見網內有一個奇怪的東西，看起來是個沒有開口的罐子。外觀上像是個銅罐，但用手一摸卻發現不是金屬製成。右近為了詳細調查這個罐子，就將它帶回家。

隔天，右近家裡發生一件不可思議的事。原本裝滿酒的酒樽，居然變得空空如也。而且就算每天在酒樽裡裝滿酒，當天也沒人喝酒，隔天仍會全被清空。「那個罐子有問題。」右近心想，於是深夜時埋伏在酒樽旁。忽然他聽到一陣嘎啦嘎啦的滾動聲，接著是飲酒的咕嚕聲。右近立刻衝上前去抓住偷喝酒的犯人，發現果然是那個在池中撈起的罐子。領主聽到這件事後覺得很有趣，便把罐子命名為銅罐子，右近並將之供若神明，與自家守護神一起祭祀。

這就是妖怪銅罐子的故事。罐子居然還會喝酒，真是個奇妙的妖怪！

妖怪密情報

罐子坂

銅罐子是由銅作成的罐子。不知為何，日本各地都有罐子妖怪的故事。舉例來說，有些坡道就叫做罐子坂。要是晚上經過這些坡道，就會聽到坡道上方傳來喀啦喀啦的聲音，並看到一個罐子緩緩滾下坡道。在東京文京區目白台二丁目附近、神奈川橫濱市港北區菊名蓮勝寺的一側，都有一條傳說會有罐子滾下來的罐子坂喔！

銅罐子

豆狸

【まめだ】

妖怪百貨店

酒莊的守護神

豆狸是西日本的一種化狸。他們比一般的化狸要小一點，所以被取了豆狸的名字。

他們和一般的化狸一樣，擅於變化的法術、喜歡惡作劇，也會附身在人類身上讓人生病等等。不過在擁有許多釀酒莊的兵庫縣灘區，豆狸卻常被當作酒莊的守護神。

傳說，要是酒莊內沒有豆狸就釀不出好酒，而要是酒窖住有豆狸更會發生許多神奇的事。例如深夜的酒窖會傳來沙沙聲，人們擔心酒窖裡的酒被翻倒而急忙前來查看時，卻發現酒窖內一片安靜，什麼事都沒有。其他還有庭院裡傳來木屐聲，像是有人在散步，或者是不知從哪裡傳來木桶掉落聲等。豆狸似乎很喜歡製造各種聲音來嚇人。

同樣是西日本，德島縣的豆狸卻有許多可愛的舉動。像赤殿中*會攔住路人問「可以背我嗎」，如果背他，他就會開心得發出可愛的歡呼聲。神社或寺廟在施工時，也會有愛叫人起床的豆狸跑去對午休中的師傅說「快張開眼睛，親親」的親親狸。像這些對人類無害的豆狸，也有許多故事喔。

*註：因其會變化成穿著紅色殿中羽織（無袖的半纏）的小孩，所以稱為赤殿中。

妖怪密情報

萬用的變化術

《桃山人夜話》中有提到一種金玉袋（男性陰囊）很大的豆狸。它的故事如下。

一位俳句名家被另一位喜歡俳句的雅士招待去他家，他們坐在房間內閒聊時，名家不小心將菸捲的火掉到地板上，房間突然開始變形並把自己捲了起來。名家回過神時發現，自己竟被丟在草原上——這就是用了變化術，把自己的金玉袋變成房間的豆狸喔。

豆狸

也奈

【やな】

妖怪百貨店

城池的守護神？

埼玉縣川越市內謠傳的也奈，是一個充滿謎團的妖怪。

傳說他棲息於川越城的護城河，以及附近的伊佐沼，但其實從來沒有人見過他真正的樣子。能確定的是，他不但不是邪惡的妖怪，還有著川越城守護神般的地位。

舉例來說，發生戰爭的時候，要是敵人接近川越城的護城河，也奈就會捲起大霧、召來烏雲、颳起怪風，使戰場籠罩在一片黑暗中，隱蔽敵人的視野，不讓敵人看清城池的全貌。

順帶一提，建造川越城的是太田道灌（室町時代的武將），江戶城也是道灌所建。有人說也奈在城池建造之前便棲息在附近的水岸邊，而太田道灌認為這個妖怪是當地的守護神，於是將川越城建在也奈的庇蔭下。

伊佐沼與城池的護城河於地下彼此連通，也奈就是透過這個通道在兩個地方來回。

關於也奈的傳說只有這些，至於也奈的外表、平常會做些什麼事之類的，就不得而知了。

待在水中，又扮演著城池守護神的角色，說不定這種妖怪是像龍神般，屬於一方水域的守護神喔。

妖怪密情報

霧隱城

川越城有個別名叫做霧隱城。如果有敵人進攻，這座城陷入生死存亡之際時，只要掀開某個平時蓋著的水井，井中會立刻噴出濃霧，籠罩住整個城池，就像是用霧把城池藏起來一樣。這口井就被稱作霧吹井。

或許各位也發現了，這個故事似乎和也奈的傳說非常相似。說不定也奈的傳說就是由這個井的故事改編而成的喔，至少我們很難排除這樣的可能性。

也奈

妖怪百貨店

貴賓諮詢室 2

妖怪木乃伊的真假？

日本各地都有妖怪木乃伊的相關謠言，但他們幾乎都是假貨。像是在猴子屍體的下半身接上魚的屍體，就說是人魚之類的，多數妖怪木乃伊都是像這樣，拿不同動物的屍體隨意組合而成。

為什麼會出現那麼多假的木乃伊呢？其中一個原因是：江戶時代時常舉辦見世物興行，這是一個人們會互相交易稀世珍寶的活動。活動上常可看到天狗、日本鬼、人魚等妖怪木乃伊被當作罕見的收藏品進行交易。

妖怪只存在於過去嗎？

當然不是。像是都市傳說中常出現的校內幽靈花子，或是裂嘴女、人面犬、矮老人等，都是日本現代的妖怪。

除此之外，也有在過去被當作妖怪，到了現代卻用另一種稱呼來描述的事物或現象。像是ＵＦＯ在過去可能被稱作發光物或飛行物；同時也有現在被稱為靈異現象的東西，在過去則被當作妖怪的例子。即使時代改變，不管在哪裡，只要有人類的地方，就會有妖怪出現。

歷史上最古老的妖怪是什麼呢？

根據本店的調查，日本最古老的妖怪可追溯到《古事記》與《日本書紀》神話中所記載的黃泉醜女，她們居住在被稱為黃泉之國的死後世界。這群鬼女面容醜陋，腳程卻相當快，一個跳躍就能橫跨千里（約四千公里）。

想進一步了解黃泉醜女故事的客人們，可以參閱《古事記》與《日本書紀》中提到伊邪那岐與伊邪那美等神明的段落。

3 樓

赤赤熊

【あかしゃぐま】

妖怪百貨店

亂糟糟的紅髮

提到出現在家中，看起來像小孩子的妖怪，一般都會想到日本東北的座敷童子。在愛媛縣西條市，也有一個很像座敷童子的妖怪，他的名字是赤赤熊。

他常出現在古老日式大宅的和室內。夜晚，人們就寢，屋內一片寂靜時，他就會現身於和室某處，用坐墊發出沙沙、咚咚等雜音。有時還會跑到廚房，偷吃掉人們準備隔天要吃的便當或小菜。

夜晚出現在和室這點，和座敷童子很像吧。傳說座敷童子的出現會讓該戶人家變得富裕繁榮，要是座敷童子離開，該戶人家就會陷入貧困。不過赤赤熊就沒有類似的說法了。

德島縣的某戶人家也有赤赤熊曾出現的記錄。到了夜晚，赤赤熊會從佛壇走出，對正在睡覺的人們搔癢，或是做一些小小的惡作劇。

順帶一提，會有赤赤熊這個名字，是因為他的髮型看起來就像頭上戴著一頂赤熊做成的頭髮一樣，所以人們才這樣叫他。而赤熊則是形容犛牛尾巴的毛被染成紅色的樣子。也就是說，赤赤熊這名字指的是具有一頭亂糟糟的火紅頭髮。

妖怪密情報

髮型成為名字的由來

像赤赤熊這種外表看似小孩的妖怪，人們常以他們的髮型為其命名。像是芥子頭（只有頭頂留有一小撮頭髮的髮型）的妖怪就叫做芥子坊主；而馬桶蓋髮型（或是河童髮型）的，就叫做馬桶蓋小僧，大概是這樣。

或許是看到妖怪的人會這樣告訴其他人「我在山裡看到有著這種髮型的妖怪」，久而久之，人們就把髮型當作妖怪的名字了吧。

赤赤熊

甘酒婆

【あまざけばばあ】

不要回答

喝甜酒可暖身。在青森縣與長野縣就流傳著一個與甜酒有關的妖怪故事。

青森縣的傳說是這樣的：在萬籟俱寂的午夜，有一個婆婆會挨家挨戶敲門問：「有沒有甜酒啊……」。

若是事態緊急倒也無可厚非，但若不是什麼要緊事，卻在午夜時分大聲敲門，就太沒禮貌了。會挑這個時間來拜訪的，大概都不是什麼普通人類。而且，這個婆婆還會挨家挨戶地敲門問有沒有甜酒，聽起來真是令人不舒服。這就是名為甘酒婆的妖怪。

可怕的還在後面。甘酒婆問「有甜酒嗎……」的時候，人們不管是正面回應：「有啊，妳要就給妳吧！」還是拒絕：「怎麼可能有那種東西！」都會染上疾病。

有人說，在門口掛杉樹的葉子，就可以避開這種討人厭的妖怪，但沒有人知道為什麼。因為她很討厭杉樹的葉子嗎？

另外，長野縣飯田市內也有另一個傳說。在寒冷的冬夜會聽到賣甜酒的人走過，以及咚咚咚地敲門聲。有人說這個聲音的真面目就是甘酒婆喔。

妖怪密情報

愛作怪的酒鬼

在妖怪中，有些妖怪特別喜歡酒，如酒吞童子。京都府丹後地方屹立著一座大江山，日本鬼族的老大酒吞童子就住在這座山上，他是一個非常愛喝酒的妖怪。

但也因為他太愛喝酒了，才會被打敗。當時，源賴光與他底下的四天王們，把摻了毒藥的酒拿給酒吞童子喝，然後趁毒藥發作的時候攻擊他。不過，這種除妖方式似乎有點卑鄙呢。

甘酒婆

伊夏

【いっしゃ】

妖怪百貨店

模仿搖尾巴

鹿兒島縣的德之島，謠傳有一種名為伊夏的妖怪。

伊夏住在一座名為犬田布岳的山上，每到下雨的夜晚，便會跑到山腳下。時他通常會穿著短蓑衣，撐著一把破破爛爛的雨傘，打扮得像個小孩。雖然乍看之下就像人類小孩，但身後長有尾巴，而且也不會像人一樣走路，而是單腳跳著移動，多看幾眼就可確定並非人類。

這個妖怪一遇到人，就一定會上前詢問「你是誰呢？」這時你可用雙腿夾住玉米莖，假裝是尾巴左右擺動，伊夏就會把你看做同伴，不會傷害你。但如果身上沒有玉米莖，或者尾巴搖得太假，伊夏馬上就會對你作怪。如果是走在山上就讓人迷路，如果走在海邊就會把海水灌進人嘴裡。所以當地人一到夜晚都一定會隨身攜帶玉米莖。

雖然是會作怪的妖怪，但只要應對得宜，伊夏甚至會幫助漁夫捕魚喔。聽說只要和伊夏一起捕魚，就一定會大豐收。不過伊夏有個習慣，會拿走魚的一顆眼睛吃掉，因此捕到的魚全都只剩下一顆眼睛。

妖怪密情報

南國的同伴們

伊夏會幫助漁夫大豐收，並吃掉魚的一隻眼睛。據說出沒於鹿兒島縣奄美群島的長足河童、水蝹，以及沖繩的榕樹精等妖怪也有這樣的特徵。從鹿兒島一路延伸到沖繩的南西諸島，與日本本土文化明顯不同。這些小島雖然相距遙遠，卻似乎屬於同一個文化圈。或許伊夏、水蝹、榕樹精是在同一個文化圈所蘊育出來的不同妖怪，彼此就像兄弟一樣呢。

伊夏

海女房

【うみにょうぼう】

妖怪百貨店

再多吃一點

日本各地海邊，都有女妖的傳說。島根縣出雲市十六島地區就有以下的故事。

鯖魚漁獲量豐富的時候，某個老漁夫為了保存捕到的大量鯖魚，將魚放入家中桶內以鹽醃漬。

一天夜晚，只有他獨自人看守這些醃鯖魚時，他突然感覺到採光窗那兒似乎有道詭異的視線，像是在偷窺。老人警覺到「是妖怪！」之後，便躡手躡腳爬到天花板上躲起來，觀察屋內狀況。

過了不久，有個抱著小孩的女妖怪走進屋中，她輕而易舉地拿起壓在桶上的石頭，並將它擱在一旁。明明是相當重的石頭，妖怪卻像是拿起小石子般輕鬆。

接著，她拿起鯖魚去餵懷中的小孩，自己也津津有味吃了起來。

老人邊看邊發抖時，妖怪竟說出「那個老人跑哪去了呢？還想說可以換換口味，吃吃看老人是什麼味道呢」這種恐怖的話。

過了一陣子，妖怪終於吃飽並離開。要是老人沒躲起來，或許就會被妖怪吃掉。

這就是海女房的故事。在江戶時代的書中，海女房是人魚的另一個名字，不過這裡提到的海女房顯然和人魚沒什麼關係。

妖怪密情報

菊花節

陽曆九月九日是日本的重陽節。重陽節又稱菊花節，與三月的桃花節、五月的菖蒲節等節日同屬五節句。菊花可以避邪，也有延年益壽的功效，因此人們會在這天用菊花裝飾家中，並飲用菊花酒。桃花和菖蒲也有驅邪的功能。在神話與古老傳說中，有提到菊花可以用來驅鬼，說不定妖怪們也會懼怕菊花喔。

海女房

猿猴

【えんこう】

順流而下的市松人偶

日本各地都有河童的相關傳說，某些地方的河童則有自己的名字。像廣島縣、山口縣、四國地方會把河童叫做「猿猴」。某些靠海地區甚至傳說他們也住在海裡，是小孩們去海邊時害怕遇到的妖怪。因為小孩子在海中游泳時，猿猴會突然抓住他們的腳讓他們溺水。

廣島市有一條名為猿猴川的河流，這條河流過去曾有猿猴棲息。這裡的猿猴常會化身為老婆婆或是美女，藉以欺騙路過的旅人。

高知縣山區的猿猴也會變化術，會變成物品來欺騙人類。若是晚上到河裡用魚叉捕捉鰻魚，會看到上游漂來市松人偶（女孩子玩的人偶，可以換不同衣服）。用魚叉叉過去，人偶會露出詭異的笑容。這個人偶就是由猿猴變成的，會趁人類受驚嚇倒地時，一舉撲上前襲擊。

某些種類的河童到了秋天會遷徙至山中，變身成山童，高知縣的猿猴也有同樣的習性。到了秋田，他們會從河邊遷徙到陸地上，變身成名為芝天狗的妖怪，到了農曆六月，又會回到河邊，並變回猿猴的樣子。這類妖怪很神奇吧。

妖怪密情報

猿猴祭

每到猿猴要回到河邊的時期，住在高知縣南部河邊的人們便會舉行猿猴祭──將小黃瓜放流於河中。猿猴在這裡被視為水神的家臣，祭典的目的則是向猿猴獻上他們愛吃的小黃瓜，以祈求他們保佑不要發生水難意外。每年六月的第一個星期六，在現在的南國市附近仍會舉行這樣的祭典。祭典時會準備祭壇，放上小黃瓜作為給猿猴的供品，到了夜晚，還會放起煙火喔。

猿猴

大鐘婆之火

【おおがねばばあのひ】

妖怪百貨店

這也是我的田

人死前若留有強烈的恨意，或是有未盡之遺憾，他的靈魂便會變成鬼火，在夜空中四處飄蕩。靜岡縣掛川市的大須賀地區，過去就有個名為大鐘婆之火的不祥之物到處遊走。

沒人曉得是什麼時候的事，只知道這裡曾有個名為大鐘、相當有錢的家族。從某天開始，不知是受到什麼詛咒，家族的人們一個接一個死去，只留下一個老婆婆。然而，在家族所擁有的廣大田地、建築物等財產還沒確定繼承人之前，老婆婆也死了。

在那之後，每到五月的夜晚，天空降下綿綿細雨時，就會看到一個燈籠大小的青色火球，在大鐘家的田地上到處飄盪。這個火球就是老婆婆的靈魂變化而來，有時還會發出「這片水田是我們家的，那片旱田也是我們家的」的聲音。

雖然這鬼火看起來不太舒服，但大鐘婆之火其實沒有惡意。只要說「大鐘婆婆，離太遠了吧！」她就會靠過來；對她說「大鐘婆婆，靠太近了吧！」她就會離開。由於她對人類無害，只是個會到處飄來飄去的火球，所以當地人除了會這樣和她互動，並不會想驅逐她。

妖怪密情報

火焰顏色

以火為本體的妖怪，其火焰可分為紅焰與青白焰兩種顏色。如果是紅焰，一個不小心就有可能引起火災；但如果是青白焰，就不會燒起來，因此青白焰的火也稱作陰火。由江戶時代的百科全書《和漢三才圖會》可知，一般的火會被水潑熄，但陰火剛好相反，被水潑到之後反而燒得更旺。大鐘婆之火會出現在下雨的日子，而且還是青白色的火焰，故屬於陰火喔。

大鐘婆之火

阿產狐

【おさんぎつね】

妖怪百貨店

專騙男人的女狐

日本各地都有著像人類一樣擁有名字的狐狸妖怪，阿產狐也是其中之一。不過，叫做阿產的狐狸不只一隻，宮城縣、新潟縣、鳥取縣、山口縣，以至於日本各地，都有叫做阿產的狐狸。雖然地點不同，性格卻都很相似，很喜歡欺騙人類。由於是母狐，故常化身為女人，讓男人受騙上當。新潟縣的阿產狐甚至還會在騎著自行車的人面前，變身成自行車的樣子，與騎士一起在道路上奔馳，這種惡作劇很有趣吧。

廣島市中區的江波也有阿產狐出沒，會化作女人騙人，有時還會坐上人力車，到繁華的市區逛街。由於他們一直維持著人類的外貌，所以人力車車夫完全不會察覺異樣，直到工作結束，打開錢箱看見裡面混著一堆木頭和葉子，才發現自己被騙了。

雖然阿產狐很愛惡作劇，但當地人似乎還蠻喜歡他們的。江波的路面電車車庫附近，就立著阿產狐的銅像。

話說回來，為什麼到處都有相同名字的狐狸呢？說不定狐狸社會也和人類社會一樣，某些名字特別受大家喜愛，才會有一大堆狐狸都取這個名字吧。

妖怪密情報

阿產狐的大姊頭

流傳於廣島市中區江波的阿產狐，據說住在皿山內。每天晚上，都會有阿產狐從現在的江波皿山公園跑出來到處惡作劇。也有人說，阿產狐是一隻八十歲的阿產狐老婆婆，有五百個手下。看來這位阿產狐老婆婆就是狐狸界的大姊頭囉。或許因為她是狐狸的大姊頭，在江波東二丁目內有個丸小山不動院，其中就有個祠堂專門祭祀阿產狐以及她的子孫喔。

阿產狐

搗蛋童

【かしゃんぼ】

妖怪百貨店

對牛馬惡作劇

紀伊半島有種妖怪叫做搗蛋童，日語有Kashanbo、Kashabo、Kashara等不同念法。

他們看起來像六、七歲的小孩，穿著青色衣服，只有頭頂中間有一小撮頭髮。

人們在山裡工作時養的牛馬，會成為搗蛋童惡作劇的對象。當人們把行李放上馬背，搗蛋童就會從另一側卸下行李，一直重複類似的舉動並以此為樂，甚至還會藏起整隻馬。有時則會跑到牛舍對牛吐口水，騷擾牛隻。

此外他們還很喜歡相撲，看到人就會衝上前去要求相撲。

他們喜歡對牛馬惡作劇、喜歡相撲，這習性與河童很像對吧。這也當然，因為搗蛋童就是河童進入山林後變成的妖怪。春夏之間，他們以河童的外貌藏在河邊，到了秋天便會離開河川進入山中，從河童變身為搗蛋童。也有人說他們和九州地方所流傳的山童是親戚。九州也有河童進入山林之後變身成山童的傳說。

雖說如此，河童通常是以全裸的形象出現，但變成搗蛋童後卻有穿衣服，這還真是奇妙。或許是因為冬天太冷，不得不加件衣服。

妖怪密情報

田裡的神和山裡的神

前面提到河童會在河川與山林間來來去去，有人說，這其實與田神和山神信仰有關。田神是守護農作物的神明，在無法種田的秋冬之際，就會進入山中成為山神。

而水田裡不能沒有水，因此有人說田神也是水神。而河童也常被人當作水神祭祀，故人們便想像河童也和田神與山神一樣，會在河岸和山林間來來去去。

搗蛋童

長足河童

【がらっぱ】

有個性的南方河童

鹿兒島縣的河童又稱做長足河童，外觀和一般河童相似，不過，棲息於吐噶喇群島惡石島上的長足河童，和其他地區的長足河童又有些不同的特徵。

惡石島上的長足河童手腳特別長，抱膝坐下時，膝蓋甚至高過頭，而且嘴邊一直流著口水，看著就覺得有股腥臭味。光聽這些形容就覺得他是個很特別的妖怪。

他們不只出現在河邊，在山上也看得到，會對人類做出各種惡作劇，像是讓旅人在山裡迷路、嚇唬人等等，這些通常都是長足河童的傑作。

而且，他們還有順風耳般的靈敏聽覺。要是在山中說了長足河童的壞話，就算好幾公里之遠他們也聽得到，便會前來報復。不可思議的是，若人們穿著草鞋，就算說長足河童壞話也不會被他們聽到，看來聲音很有可能是藉由地面傳播，最後進到他們耳朵。雖然長足河童愛惡作劇，卻也能和他們做朋友喔。和他們一起去釣魚時，有很大的機會可以釣到有趣的東西。像這種會與人一起釣魚的特性，與沖繩的妖怪、榕樹精，及南西諸島的妖怪水蝠有幾分相似呢。

妖怪密情報

詛咒的木像

鹿耳島縣薩摩川市的戶田觀音堂內，放著一個長足河童的木像。這個木像全身被鱗片包覆住，樣子看起來讓人不太舒服。

過去，當地曾有一位公主被長足河童襲擊死亡，領主相當生氣，便對長足河童下詛咒。他在觀音像的腳邊放了一個痛苦掙扎的長足河童木像，希望「觀音能永遠處罰他」。那時所放置的木像，至今仍在觀音堂內喔。

長足河童

川野郎

【かわえろ】

妖怪百貨店

隱形於水中

在岐阜縣揖斐川町附近出沒的河童，當地人稱為Kawaero或Kawawairo，也有人叫他們Noshi。Kawaero就是川野郎，而Noshi則是主人的意思。

這裡的川野郎擁有不同於一般河童、稍微有點奇怪的特性。

首先，他們潛到水面下時，可以完全隱身，不讓其他人看到。至於他們是用了變化術以藏身於背景中，還是讓身體變透明，這就不得而知了。

而且，他們離開水邊時，常化身為猴子。不過，川野郎變成的猴子，臉是白的，眉毛卻是黑的，再加上他們的腳跟很小，因此，人們看到長得那麼奇怪的猴子時，馬上就會識破他們是川野郎。

除此之外，他們還會讀心術，然後變身成人們想要的東西以欺騙人類，並以此為樂。

另一方面，他們頭上凹陷處內的液體有毒。這種毒進入河川，會讓河水變得黏稠。若有人在河川內游泳，就會上不了岸。川野郎會用這種方式襲擊在河川玩耍的孩子。

同樣是河童，川野郎卻有著很神奇的能力呢。

妖怪密情報

京都愛宕山的千日參拜

日本第一天狗愛宕榮術太郎坊居住在京都愛宕山，山中的愛宕神社以祈求遠離火災靈驗聞名。愛宕神社於每年的七月三十一日晚上到八月一日早上會舉辦千日參拜，這段時間內來神社參拜，千日內就不會發生火災。從山腳到愛宕神社大約需要兩個小時的腳程，在晚上的山路上，搞不好還能遇到天狗喔。

川野郎

河女

【かわおなご】

妖怪百貨店

回應就會被附身

青森市的浪岡，每到夏天就會出現名為河女的妖怪，出現的地點通常在十川的釜谷橋附近堤防上。

某天晚上，一名男性在路上遇到了一個非常美麗的女子。這名女子向男人說「晚安」時，男人不經意地回應了一聲。如果男人意識到她是河女而不理她，便什麼事也不會發生。但男人回應了，因此河女便趁機附身在他身上。

要是被河女附身，食量會突然暴增。吃飯的時候，會連其他人的份也全部吃光，有時這樣還覺得不夠，甚至還會吃自己的糞便！

而且，所有人都熟睡時，被河女附身的人會偷偷爬起來，去見河女。雖然其他人看不到，但被附身的人卻可看到正在向自己招手的河女。由於每天晚上都會重複這些行為，被附身的人就會漸漸變得精神錯亂，真是太可怕了。

在離青森有段距離的九州福岡縣也有類似的妖怪。她叫做川姬，是出現在河邊的美女，被她的美貌迷得神魂顛倒的男人會被她吸盡精氣。或許川姬和河女之間有某種親戚關係呢。

妖怪密情報

水瀨

有很多美女妖怪會出現在河川附近，石川縣內甚至謠傳有種水瀨也會化身成美麗的女子。牠們與河女一樣出沒在河邊，向經過的男人搭話並欺騙他們。若只是欺騙男人倒還好，但有些水瀨甚至會殺掉男人，相當恐怖。現在，野生水瀨在日本已被視為絕種生物，但過去牠們的蹤跡隨處可見。牠們不只會化身美女，也會變成其他東西對人類惡作劇喔。

河女

玄蕃丞狐

【げんばのじょうぎつね】

妖怪百貨店

變身成蒸汽火車

有狐狸棲息的地區，常有化狐妖怪的傳說。長野縣鹽尻市桔梗原內，就有一隻名為玄蕃丞狐的著名狐狸。他是當地狐狸群的老大，底下有許多小弟。玄蕃丞狐的變化術很厲害，能把馬糞變成牡丹餅讓人吃下去。有時則會集合整個族群的力量，變成領主大名的出巡隊伍或迎親隊伍等，欺騙許多人。

明治時代後期，篠之井線鐵道剛開通時，還發生過這樣的事。

蒸汽火車開到桔梗原時，駕駛員突然看到前方有另一台蒸汽火車衝向自己。因為軌道只有一條，這樣下去鐵定會正面相撞！

於是駕駛員慌張地緊急煞車。好不容易停下蒸汽火車後，原本衝向自己的蒸汽火車卻不見了。由於這種事太常發生，駕駛員被騙過很多次後，有次便決定要故意去撞這台一直作弄自己的假蒸汽火車。兩台火車相撞後發出一聲巨響，駕駛員停下蒸汽火車後下車查看，只見軌道附近有一隻被蒸汽火車撞死的大狐狸屍體。

這隻狐狸就是玄蕃丞。看來是惡作劇過頭連自己的性命也賠上了。不過也有人說，被蒸汽火車撞死的其實是玄蕃丞的子孫。

妖怪密情報

狸貓也來這套

會變成蒸汽火車的不是只有玄蕃丞狐，日本各地都有許多狐狸會變身成蒸汽火車並到處惡作劇。

除了狐狸，狸貓變身成蒸汽火車的故事也很多。明治時期，曾有狸貓化身為蒸汽火車奔馳，卻不小心被其他火車撞死。為了安撫狸貓的靈魂，龜有站附近的見性寺立了一個貉（狸貓的別稱）塚以祭祀這隻狸貓，現在這個貉塚仍佇立於此喔。

玄蕃丞狐

水蝹

【けんむん】

最愛吃魚眼珠

沖繩和鹿兒島縣的諸島嶼，棲息著日本本土所沒有的罕見妖怪。住在奄美大島山中的水蝹就是其中之一。有人說他是細葉榕與雀榕等樹木的精靈，所以應該是與沖繩的榕樹精相似的妖怪才對。

依地方不同，傳說也有細微的差異。不過基本上他們都擁有像孩童般的體格，動物的臉，身體長滿了毛，肌膚則是紅色的。他們的腳又細又長，抱膝坐下時膝蓋甚至高過頭，各地的水蝹都有類似的描述。

水蝹很喜歡惡作劇。他們會模仿巨石滾落的聲音，或是巨木倒下的聲音嚇人。他們還會變身成其他動物，或他們曾見過的人類，還可以變成與周圍相似的模樣，就像保護色一樣隱藏起來。

雖然水蝹很愛惡作劇，但頻率若與他們相和，也有機會和他們做朋友喔。有人說如果與他們一起去海邊釣魚，總是能釣起一大堆魚，然而奇怪的是，所有釣起來的魚都只有一隻眼睛。據說水蝹很喜歡吃魚的眼珠，但不知為何，他只會吃掉魚的其中一隻眼珠。

就算是朋友，但要和妖怪一起去釣魚，多少都會讓人排斥呢。

妖怪密情報

難以寫成文字的名稱

有時候，要把日本各地方言裡的某些字詞寫成文字並沒有那麼容易，這裡所提到的水蝹（Kenmun）就是一個例子。Kenmun這個名字包含了許多意思，像是奇怪的東西、會變身的東西、像樹木的東西、長毛的東西等等。由《日本昔話事典》一書的說明，作者很難找到確切的漢字來代表這個詞的意思，因此多以片假名ケンムン來表記。

水蝹

小玉鼠

【こだまねずみ】

妖怪百貨店

拒絕幫助產婦的下場

小玉鼠是棲息於秋田縣北秋田郡的妖怪。他們看起來就像小小的老鼠，山神心情不好的時候，山裡就會出現小玉鼠。

小玉鼠出現時，背後會先啪哩啪哩地出現幾道裂痕，然後砰地一聲整個爆開。產生的爆裂聲響，會在山中繚繞，傳入在山裡打獵的獵人耳中。傳說聽到這個聲音的獵人就再也抓不到獵物，或者是會碰上雪崩等事故，是個難以應付的妖怪。因此對獵人們來說，小玉鼠是不祥的象徵。

在過去的傳說中，小玉鼠原本是一群名為小玉組的獵人集團。曾有一名即將臨盆的女人敲了敲小玉組山屋的大門，希望能借用他們的山屋讓她生下小孩。但小玉組的獵人們拒絕了。

接著這個女人又來到重野組的小屋，重野組的獵人們熱情地歡迎女人進入小屋，女人也順利生下了孩子。其實這個女人正是這座山的山神，於是親切對待她的重野組獵人們，就在她的保佑下過著幸福的生活，而把她趕走的小玉組則是受到了懲罰。在山神的懲罰之下，小玉組的獵人們變成了老鼠的樣子，這就是小玉鼠的由來。

妖怪密情報

最愛石頭魚

許多地方的山神都是由女性擔任，像山形縣小國町附近的山。當地獵人若想向山神祈求能多獵到一些獵物，會獻上海裡抓來的石頭魚作為供品。山神大人最愛石頭魚了，把這當作供品可以討好山神。至於為什麼山神這麼喜愛石頭魚？因為山神的容貌不太好看，她看到比自己還醜的石頭魚後便會安心許多。石頭魚正是送給這樣的女神最好的禮物不是嗎？

小玉鼠

垂首

【さがり】

妖怪百貨店

朴樹上的馬頭

這則故事發生在還沒有街燈的年代。城內一片黑暗，有個男人藉著提燈的些微光亮走在街道上。夜空中沒有月光，微風陣陣襲來。他走過一間偌大的民宅時，一棵由庭院延伸到道路上的朴樹枝條發出沙沙沙的聲音。

「總覺得有點恐怖啊。不過，穿過這裡馬上就會到家了……」

白天時碧綠如茵的朴樹葉，到了晚上卻變得一片漆黑，看起來就像是會有鬼怪出現一樣。

男人通過朴樹下方時，提燈燈光照出了掛在朴樹枝條上的某個詭異東西。「啊啊啊—」男人一看見就發出慘叫，並暈了過去。

出現在那裡的是彷彿剛被砍下來、看起來活生生的馬頭，垂掛在朴樹枝條上……。

這就是被稱作垂首的妖怪。傳說在岡山縣瀬戸內市一帶，曾有人看過路邊的古老朴樹上像這樣垂掛著馬頭。沒有人知道這個妖怪的目的是什麼，或許只是單純想嚇嚇人才這樣現身吧。

類似的妖怪也曾出現在熊本縣的玉名市及南關町。不過據說若在這裡看到樹上垂掛的馬頭，就會染上熱病喔，真是讓人感到不舒服的妖怪對吧。

妖怪密情報

二王座的切通＊

大分縣臼杵市內，現在仍留有一個會出現馬頭的地方，那就是城下町二王座的切通。

過去，武士若戰死沙場，他所乘坐的馬匹便會跑回武士家中告知家人。有個武士的夫人看到自家的馬跑了回來，以為牠拋棄主人自己逃回來，便砍下了馬頭。

之後，有人說一到下雨的夜晚，這座屋子附近的切通便會出現馬頭。不知道現在還看不看得到？

＊註：切通，劏平山丘所開出來的道路。

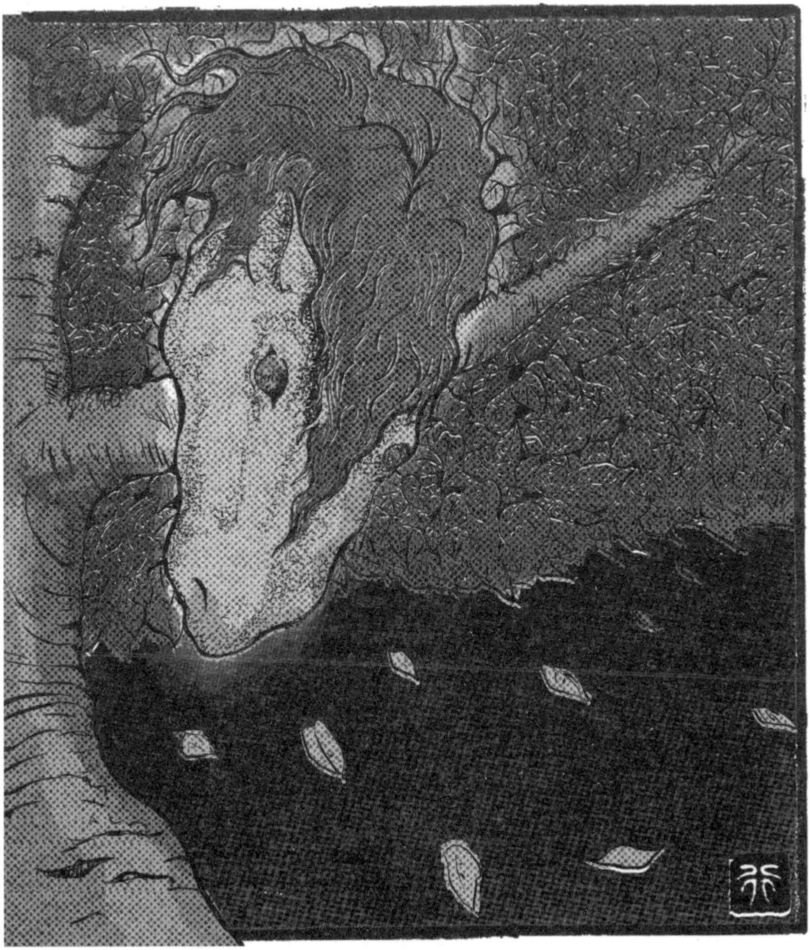

垂首

芝天狗

【しばてん】

妖怪百貨店

明明很弱卻愛玩相撲

高知縣有一種叫做芝天狗的妖怪，外表看起來像小孩子，全身都是毛。芝天狗這個名字，指的就是小小的天狗。

芝天狗會出現在晚上的河畔，看到有人路過便會走近，對路人說「小哥，來玩相撲吧」。因為他看起來像個小孩，通常路人都會回他「我才不要和小孩玩相撲」。但就算被拒絕，芝天狗還是會一直纏著路人要玩相撲。

通常，芝天狗玩相撲都會輸，但他卻絕不會輕易「認輸」，而會繼續纏著對方比式，於是路人就會和芝天狗一直玩到太陽升起。

說到喜歡相撲的妖怪一定要提河童。高知縣的河童又稱作猿猴，但也有人認為猿猴是芝天狗的變身。有一說是，芝天狗會在農曆六月七日遷徙到河邊，變身成猿猴。因此與其說芝天狗是天狗一類，不如說他比較像河童。

德島縣山中也有芝天狗出沒，謠傳三好市山城町有種很小的天狗，小到可以藏在葉子下。據說他們會在三好市祖谷的深山中，製造出樹木倒下、砍樹，以及嘩沙嘩沙的山崩聲等以嚇唬人類。

妖怪密情報

芝天狗之舞

看來芝天狗似乎很愛找人麻煩，但卻沒有人真的討厭他。高知當地人很喜歡芝天狗，甚至還創作出以芝天狗為主題的民謠以及舞蹈。

芝天狗民謠創作於昭和三〇年代，芝天狗之舞則是與此搭配的舞蹈。舞者會在頭上戴著畫有芝天狗表情的手巾跳舞。

這種舞原是人們在酒席上跳來娛樂用，現在在各種活動、祭典，甚至是學校的運動會都可以看到喔。

芝天狗

猩猩

【しょうじょう】

妖怪百貨店

日本的紅毛猴子

一般而言，猩猩指的通常是紅毛猩猩，不過在日本，這也是一種妖怪的名字。這種妖怪源自古中國的傳說動物，隨著文化傳播來到日本，就成了日本的妖怪。

中國傳說中的猩猩外表看起來是隻黃毛大猴子，住在山裡，很愛喝酒。日本猩猩的外表也像猴子，也喜歡酒，這些特徵與中國猩猩相差無幾。不過日本的猩猩卻是紅毛的，而且他們不住山上，而是較常出沒於海上。

從富山縣的冰見市與新湊市出航的船隻，有時會碰到從海中跳上船的猩猩，一次可能多達七隻一起跳上來。這時如果慌慌張張引起騷動，猩猩們就會掀翻船，所以船員們會跑到船艙內，靜待猩猩們離去。

而山口縣周防大島的猩猩則有點像海上幽靈。夜裡，船隻出航後，海底會傳出「給我木桶」的聲音，這是猩猩在叫喊。聽到這聲音時，船員們會急忙把木桶丟下海。不過，要先拔掉木桶底部，要是沒先拔掉桶底，猩猩們會用木桶裝海水倒到船上讓船沉沒。

這種像海上幽靈般的猩猩，現在似乎仍會在岩國市新湊的海岸附近出沒喔。

妖怪密情報

除魔之赤

事實上，也有人會把猩猩視為神明般的存在喔。鳥取市有個名為麒麟獅子的舞獅，祭典時，猩猩會走在舞獅隊伍前面帶路。同樣的，愛知縣名古屋市舉行的祭典中，遊行隊伍內也有人會扮演猩猩。這兩個地方的祭典中，扮演猩猩的人都會穿著大紅色的衣服。過去，人們認為紅色有趕走瘟神的力量，因此全身紅通通的猩猩就被賦予了在祭典中扮演除魔者的角色。

猩猩

尻小法師

【しりこぼし】

妖怪百貨店

潛伏於夏日海岸的河童

從北到南，日本各地都有河童類的妖怪。隨著地方不同，他們的名字和特徵也各有不同。和歌山縣與三重縣一帶，叫他們做〇〇小法師，或者是〇〇法師，主要生存在河岸以及海邊。名字內雖然都有小法師或法師，但其實，那只是代表他們看起來像小孩子而已。

尻小法師是棲息於三重縣志摩市一帶的河童，生活在海裡，除了來海邊玩的小孩子，以採蠑螺與鮑魚為生的海女們，也很害怕碰上他們。

至於為什麼會叫尻小法師這個名字？這是因為他們會襲擊潛水的人，從屁股把人們的內臟拉出來。由於他們的目標是屁股，故稱為尻小法師。

尻小法師特別喜歡在特定日子攻擊潛水者，那些日子會隨地區有所不同。據說志摩市的布施田一帶，若在當地各神社舉行天主祭（農曆的六月十四日，現在則在國曆的七月中左右）時潛入海中，就很有可能會被尻小法師攻擊。

要是這天無論如何都要潛入海中，可用繩子將山椒的枝條編成一個像項鍊一樣的東西掛在胸口，這麼一來就不會被尻小法師攻擊了。

妖怪密情報

牛頭天王之子

天王祭是祭祀牛頭天王（與須佐之男被當作同一個神）的神社所舉辦的祭典，也稱作祇園祭。想必各位一定聽過這個由京都八坂神社所舉辦的祭典吧。牛頭天王是司掌流行性疾病的水神，有人說河童是牛頭天王的小孩或是使者。因此在天王祭當日，河童們的活動會變得異常活潑，潛水者也容易被襲擊。

真沒想到尻小法師和天王祭居然有這層關係呢。

尻小法師

勢子

【せこ】

妖怪百貨店

惹他生氣就麻煩了

九州地方的山間，棲息著一種名為勢子或勢子子的妖怪。

他們的頭髮只有頭頂的一小撮，看起來就像小朋友一樣。

雖然看起來像小朋友，卻擁有很大的力量。要是讓他不高興，甚至會把山中小屋搖得晃來晃去，生氣起來還真恐怖呢。不過平常他們只會小小的惡作劇，像是模仿大樹倒下來的聲音、從草叢中突然伸手抓人之類的，或者是讓山中的旅人暫時迷路等等，對人類其實沒有太大的危害。

要是覺得勢子的惡作劇太過分，可以誦經或者是鳴放火槍，他們便會馬上逃之夭夭。而且不知道為什麼，他們相當討厭沙丁魚的頭。據說只要對他們大喊：「我丟沙丁魚過去囉！」就不會再作怪。

勢子這個名字是來自打獵時，負責將獵物趕到射手射擊範圍內的「勢子」。獵人的勢子在追趕獵物時會發出「喔－咿、喔－咿」的聲音，妖怪勢子就是模仿這個聲音而得名的。

另外，這個妖怪的真面目其實是河童喔。河童秋天入山後，便會變身成勢子，和棲息於其他地方的山童是類似的妖怪。

妖怪密情報

島根也有

島根縣的隱岐地方也有勢子出沒。不過這裡的勢子由來眾說紛紜，有人說他們是秋天時進入山林的河童變成的，也有人說是年老的河童變成的。

他們像鼬鼠一樣身輕如燕，有時才剛聽到他們在旁邊發出呦咿呦咿（也有人說是厚咿厚咿或秀咿秀咿）的聲音，一轉眼聲音就跑到遙遠的另一端。他們的足跡大小與嬰兒差不多，看來他們的體型也很小啊。

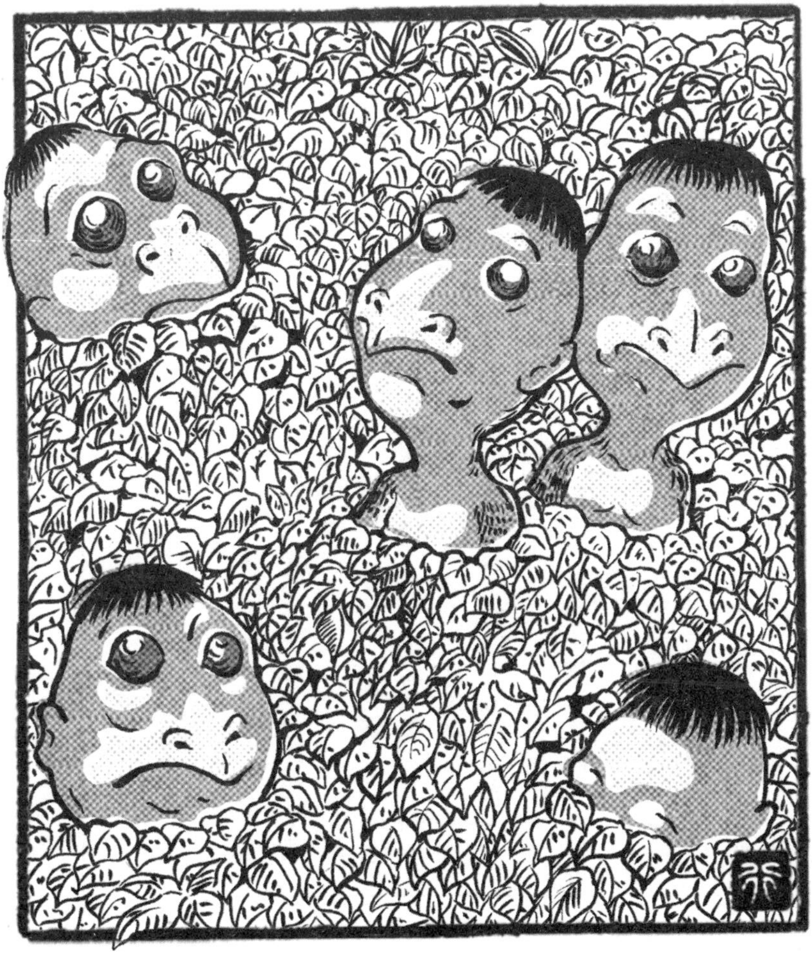

勢子

大天婆

【だいてんばあ】

妖怪百貨店

二月八日就會出現……

傳說以前每到二月八日，宮城縣的氣仙沼市就會出現一個名為大天婆的妖怪在市內遊蕩。因此這天人們會把做好的團子放在家門口，當作給大天婆的供品，以祈求不要在路上遇到大天婆。

這裡說的大天婆是什麼樣的妖怪呢？故事如下。

過去，氣仙沼住著一個名為儀八郎的人，他的母親名叫阿產。有天，平時給人文靜印象的阿產突然變得舉止粗魯，而且大口吃肉，精力十足，完全看不出來是個老婆婆。

有天，一個經過氣仙沼的雲水僧在走夜路時被怪物襲擊，於是舉刀與怪物奮戰，怪物被打敗後，發出慘叫逃走。

當晚，雲水僧來到儀八郎的家想要借宿一晚，卻看到儀八郎的母親受了重傷，全家都忙進忙出。覺得奇怪的雲水僧便和他們家人說了事情經過，拿起刀來向受傷睡著的阿產斬去，才發現她的真面目其實是可怕的貓妖。

原來真正的阿產早已被貓妖吃掉，現在的阿產其實是貓妖假扮的，而這個貓妖就是大天婆。即使已被消滅，大天婆的怨念似乎仍會在二月八號這天到市街上遊蕩呢。

妖怪密情報

事八日

前面提到大天婆會在二月八日出現在市街上，但原本的故事中，從來沒說過大天婆會在二月八日出現。

二月八日又稱事八日，是日本的既定節日。習俗上，事八日要待在家中，不得任意出門，可能這個習俗後來被誤會成「因為有妖怪出沒，所以要待在家中」，而大天婆就順理成章的成為了這裡的妖怪角色。

3

2

1

B1

大天婆

立蛭子

【たておべす】

妖怪百貨店

對大魚撒豆子？

傳說新潟縣佐渡島附近的海域，有一種名為立蛭子的妖怪。說到海中的妖怪，各位可能會想到有名的海坊主或是船幽靈，然而立蛭子與這兩個妖怪長得完全不一樣，外觀是一條很大的魚。

漁夫駕駛漁船在海面上奔走時，有時會看到前方海面突然出現一個有著魚鰭像劍一樣的立蛭子。這時若馬上逃離就沒事，但如果稍有猶豫，船就會被大魚撞翻。這種像惡魔般的怪魚多會出現在島嶼北方的海上。

而立蛭子主要出現在島嶼西側海面，有時會突然出現在船隻前方，矗立著巨大身體，然後啪一聲倒向船隻，使船隻沉沒，是個很可怕的妖怪。

順帶一提，佐渡的漁夫們也會把海豚稱作蛭子。海豚會驅散魚群，所以漁夫們相當討厭海豚。要是在漁場看到海豚，漁夫就會拿起準備好節分用來驅鬼的豆子，撒向海豚，驅趕海豚。

同樣，立蛭子出現時，漁夫們也會對他們撒節分豆子驅趕，不過，這麼做真的可以嚇跑立蛭子嗎？很可惜，關於這方面的訊息並不多。

妖怪密情報

虎鯨？

其實若在新潟縣的粟島提到立蛭子，指的似乎是虎鯨。這表示，在佐渡地區所講的立蛭子很有可能也是鯨魚親戚之一的虎鯨。虎鯨有時會一口氣躍出海面，用身體拍打水面。這個動作稱作Breaching，如果附近剛好有小船，小船根本來不及反應。事實上，確實有虎鯨因好奇而游近船隻，卻弄翻了整艘船。

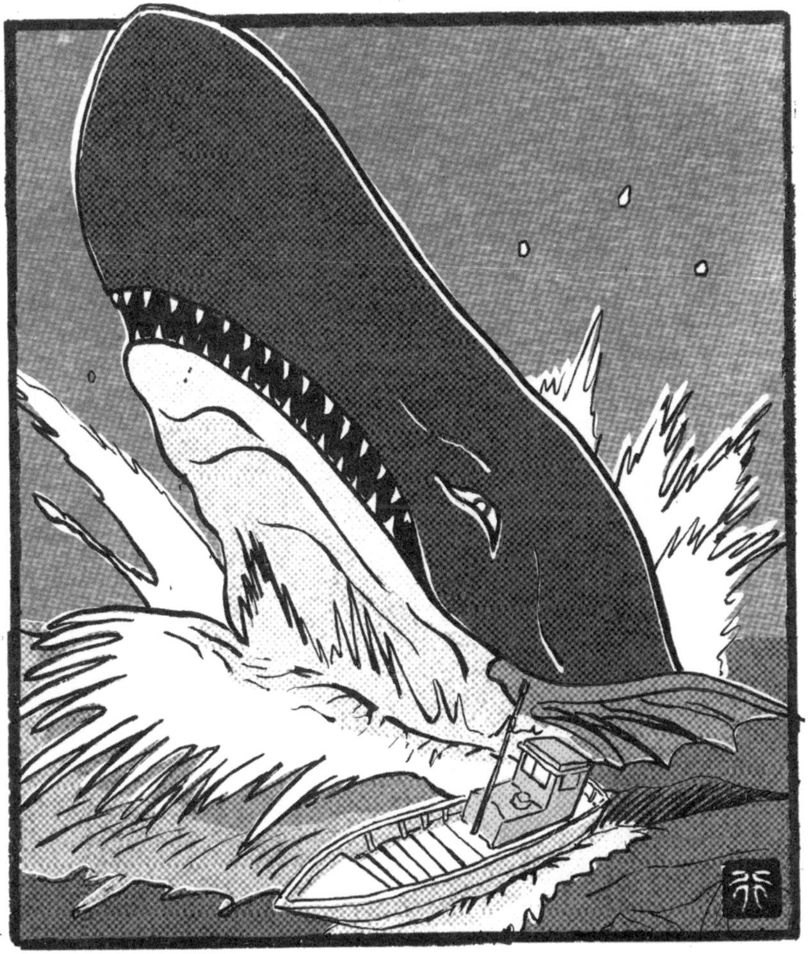

立蛭子

小小袴

【ちいちいばかま】

妖怪百貨店

又唱又跳的小男人

小小袴是以前傳說中出現的妖怪，也有人叫他親親小袴喔。他的傳說如下。

以前，某個山中人家只有老婆婆獨居。夜裡，老婆婆像平時一樣在紡紗的時候，一個不知從哪來的小男人突然現身，並說著：

「老婆婆，一個人很寂寞吧？我來跳個舞給妳看吧。」

這個穿著袴的小男人看起來就像個方形小物，他唱著「手拿著木頭小刀，對小小袴刺下去，老婆婆快睡著吧」之類的歌詞，還跳著舞。老婆婆還未從驚嚇中回神，小男人就又消失了。老婆婆覺得心裡很不舒服，第二天，她在小男人出現附近的在地板下找到了一個因過於老舊而被丟棄的鐵漿牙籤（將牙齒塗成黑色的道具）。

老婆婆燒了這個牙籤之後，奇怪的小男人就再也沒出現過了。

這是流傳於新潟縣佐渡島的傳說。有人說就是因為這個故事，所以老舊的鐵漿牙籤都會被燒掉喔。

這個故事也流傳於岡山縣與大分縣一帶。老舊的器物會有靈魂寄宿，這或許也是一種付喪神呢。

妖怪密情報

付喪神

器物經過百年歲月後，會自然而然生成靈魂，趁人們不注意的時候做出一些奇怪的事，這就是付喪神。不過，就算沒有經過長年累月，人類的靈魂或執念也有可能寄宿於器物中。而這些被寄宿的器物，可能會變化成其他東西，做出各種奇怪的行動，這也可以說是一種付喪神。由器物所變成的妖怪，說不定比我們想像中多喔。

小小袴

乳之親

【ちーのうや】

妖怪百貨店

陰間的乳母

人死後通常會埋進墳墓裡。從前，小孩子的墓會做得比大人的墓樸實些。而且小孩子的墓通常會設在自家附近，甚至是自家土地上。這是因為父母不想讓小孩子的靈魂像大人的亡靈一樣被超渡，而是希望小孩能盡快投胎回這個世界，再次來到家人身邊。

然而沖繩卻不一樣。依照沖繩習俗，不到七歲的小孩死亡後，屍骨會移至特製的童墓。這是因為，比雙親還早離開人世的小孩會被視為不孝，如果移進祖先們代代相傳的墳墓，祖先們會生氣，所以只好另外準備一個墳墓。

自己也不想早死，卻因為早死而被視作不孝，無法與祖先們葬在一起，這樣不是很可憐嗎？但請放心，在陰間，有一個神明般的妖怪會照顧這些早死小孩的靈魂。

這個妖怪叫做乳之親，是一個面容和善的女性，一頭烏黑長髮自然垂下，還有一對飽滿的乳房。她會代替孩童的母親，餵養母乳給這些小孩，故有這個名字。

看起來她是個很好的妖怪，但有時她會潛入水中，把活著的小孩硬生生拉入陰間。果然還是一個可怕的妖怪啊！

妖怪密情報

買糖果的幽靈

不少傳說都有提到會照顧人類小孩的妖怪和幽靈。其中一個有名的傳說，稱之為育子幽靈的故事。據說，某個孕婦死後的每天晚上，附近的糖果店都會有一個女人來買糖。店主覺得相當可疑，於是便跟蹤那個女人，卻看到女人消失在孕婦的墓前。因此他便請附近寺廟的住持挖開墓，發現裡面有一個活生生的嬰兒在舔糖果。看來，來買糖果的就是孕婦的幽靈呢。

乳之親

經立

【ふったち】

妖怪百貨店

長生不老的神奇力量

在日本東北地方的青森與岩手縣內，活了很久的動物會擁有神奇的能力，並且會危害人類。這些動物稱為經立，依不同的動物分別有猿經立、犬經立、雞經立等。

以猿經立為例，牠比一般猴子要大，塗有松脂並黏著沙粒的毛很堅韌，即使被火槍打到也沒事。

例如在岩手縣的遠野地區，一個猿經立劫走了旅館老闆娘，於是獵人們上前追趕，並以火槍攻擊。然而猿經立即使被子彈打到也沒事，最終全身而退，逃之夭夭。

犬經立是由狼變成，體型可達小馬那麼大。要是在夜路上被這種怪物襲擊，根本不可能逃得掉，很恐怖吧。

而雞經立則是會對人下詛咒。岩手縣岩泉町的某個農家，剛出生的孩童馬上就會夭折，於是他們請了修行者前來查看。原來家裡養的雞中，有一隻公雞是經立，這才知道原來是這隻雞下了詛咒。因為不管母雞生了多少蛋，最後都被人類吃掉，經立為了復仇才一直詛咒小孩夭折。

由此可看出，不只是野生動物，家畜也有可能會變成經立喔。

妖怪密情報

呼子

在愛知縣山間，也有像經立這種年紀大了之後會變成妖怪的動物，在這裡牠們被稱做呼子。沒有人知道這個名字是什麼意思，可以確定的是，猴子、狼、狐狸等動物都有可能會變成呼子，並對人類作怪。此外，過去人們認為，長壽的動物擁有不可思議的力量。舉例來說，很多妖怪被人類打敗而露出真面目時，常是年老的貓或狸貓等動物。

經立

呀咧哪婆婆

【やれなばばあ】

妖怪百貨店

妖怪也有口頭禪

出雲地區會把「呀咧呀咧」的口頭禪講成「呀咧哪」。傳說島根縣出雲市斐川町內，會出現把這個詞當作口頭禪的妖怪喔。

這個故事是來自一個以牛為他人搬運貨物的牛伕。他每天早上都會把貨物運到斐川上游，晚上回家。在回家的路上，有時會看到一個奇怪的老婆婆。

這天他又看到這位老婆婆，老婆婆嘴裡唸唸有詞著「呀咧哪、呀咧哪……」而牛伕只覺得「又出現啦……」。其實牛伕早已知道老婆婆不是人，但今天他特別想整整她。牛伕用親切的口氣問老婆婆：

「要是您不方便走路，要不要坐上我的牛呢？」於是老婆婆高興得坐上了牛背。為了不讓老婆婆掉下來，牛伕特別用繩子把老婆婆固定住。

回到了牛伕家時，老婆婆才發現自己被騙了，哭著說道：「請放開我吧，我不會再隨便變身成人類了。」原來老婆婆的真面目是住在附近的化狐。牛伕覺得她看起來很可憐，於是便放走了她。此後，牛伕便沒再碰過這個老婆婆。這就是呀咧哪婆婆的故事。

明明沒做什麼壞事卻被整，好像有點可憐啊。

妖怪密情報

神通力強弱的差別

祭祀化狐的祠堂並不少見，但也有像呀咧哪婆婆這種無人祭祀的化狐。他們的差別在哪裡呢？其中一個原因就是神通力的強弱。神通力強的化狐能用神通力達成人類的願望，因此，就算是一直在惡作劇的化狐，只要人們認為他的力量夠強，就會設祠堂祭拜。相反的，像呀咧哪婆婆這種力量不怎麼樣的狐狸，就沒什麼人會去祭拜囉。

呀唎哪婆婆

妖怪百貨店

貴賓諮詢室 3

妖怪們會集體行動嗎？

河童、天狗、日本鬼、狸貓等妖怪都會集體行動。這些妖怪團體，多是由一個老大及他手下的許多小弟組成。

日本鬼比較不一樣，他們會聚在一起形成一個步行隊伍，稱作百鬼夜行，卻沒有哪個鬼是所謂的老大。至於為何要組成步行隊伍就沒人知道了。

狐狸有時候也會聚在一起，為炒熱氣氛還會一齊吐出火焰，這種火焰也被稱作狐火。此外，有人說平時單獨行動的化貓在月光皎潔的夜晚也會聚集在一起跳舞喔。

人類和妖怪能結為朋友嗎？

像是奄美大島的水蝹、德之島的伊夏、惡石島的長足河童等，住在南西諸島的妖怪們，過去常和人們成為朋友喔。據說如果和他們成為朋友，並一起去釣魚，可以釣到很多魚。

此外，像是日本鬼或天狗等，也有和人類變成朋友的例子。

不過，現在幾乎沒有人目擊過這些妖怪。連與他們相遇的機會都不太可能，更別說是和他們成為朋友了。

我對某個妖怪有興趣，但這本書內卻找不到這個妖怪耶。

真的非常抱歉。本店目前的規模不大，只夠容納一百種妖怪。如果可以，請您也翻翻看《妖怪穴》第一卷，這本書記錄了另外一百種妖怪。要是這樣還找不到您想看的妖怪，還可以再找找看由本店經營者村上健司所寫的《妖怪事典》（每日新聞社刊）。這本書中蒐羅了近兩千種妖怪，想必裡面一定找得到您有興趣的妖怪。

B1

腳跟碰碰

【あぐとぼっぽり】

撞你的腳跟

岩手縣二戶寺的靜法寺町流傳有一個有點奇怪又有點有趣的妖怪，名字叫做腳跟碰碰（Agutobopporі）。Aguto在東北地方是腳跟的意思，而bopporі則是東西相撞的聲音。類似橡膠球打到東西時發出的波咚、砰咚等聲音。

腳跟碰碰多半出現在夜晚的小路、墓地、老樹下。若有人經過，會覺得像是有什麼東西在敲著腳跟，發出波咚波咚聲，但低頭一看卻什麼也沒發現，還以為是錯覺的時候，又傳來波咚波咚的聲音，此時人們就會覺得一定有某個東西正在撞自己。仔細一瞧，就會看到地上有個長了一隻眼睛的黑色塊狀物，一直敲著自己的腳跟。

這種妖怪似乎只是覺得好玩而撞人腳跟，不過有時也會亂咬人腳跟，或是追趕並威嚇路人。

有人說他們的真面目是用了變化術的狐狸或狸貓，也有人說是因飢荒而死去的靈魂。但兩者都只是猜測，沒人能確定他們的真面目。

與此類似的妖怪還有出沒在岩手縣九戶地方的腳跟舔舔會在夜路上等路人經過，舔路人的腳跟。

妖怪密情報

因大飢荒而死去的靈魂

飢荒時，田地被惡劣天氣、洪水等摧毀，使多數人因飢餓而受苦。前面寫到腳跟碰碰的真面目可能是因飢荒死去的靈魂，事實上，東北地方過去曾發生過許多次大飢荒，許多人在找尋食物的過程中餓死。

不少妖怪的真面目是這個世界上仍有未盡心願而死的靈魂。或許腳跟碰碰真的是那些因飢荒而死去的靈魂喔。

腳跟碰碰

後追小僧

【あとおいこぞう】

妖怪百貨店

感覺到氣息卻看不到身影

一個人走在杳無人跡的小路時，有時會覺得後方有股氣息，像是有人在跟蹤自己。但回頭一看，卻發現根本沒人——。

這通常只是人們的錯覺，但在某些地方，卻是妖怪造成的現象。

舉例來說，若在神奈川縣丹澤附近感受到這樣的氣息，就可能是名為後追小僧的妖怪跟在後頭。

走在丹澤的山路上時，有時會覺得自己後方有股氣息跟著跑。當人們疑惑而回頭看，卻什麼也沒有。

然而，在人們回頭看的瞬間，就會覺得似有什麼東西「咻」的一聲躲到樹或岩石的陰影底下。

當地人認為這種奇怪的感覺，是後追小僧的傑作。要是受不了，只要把食物放在路邊，就不會再有被尾隨的感覺。

這裡的後追小僧較少在晚上出現，反而喜歡在白天出沒，尤其是在午後特別容易碰上。

如果是晚上，他們會以火光的形式出現，看起來與提燈差不多大。他們會在步行者的前後飛舞。雖然不會做什麼壞事，但還是令人不太舒服。

妖怪密情報

市街內也看得到

後追小僧這種妖怪會纏著山路上的行人，忽前忽後地跟著。在市街內，也有與此相似的妖怪出沒。像是出沒於東京都墨田區附近的提燈小僧。夜晚經過石原時，前方會突然出現一個小田原提燈。若試著追趕它，提燈便會消失，但一回頭會發現提燈又在那裡，過一陣子便會自行消失。明明名字叫做小僧，卻看不到它真正的樣子，這點倒與後追小僧很像。

後追小僧

油取

【あぶらとり】

妖怪百貨店

拐小孩

現在偶爾可以在電視上看到綁走小孩的新聞，其實拐小孩的事件自古就有。小孩被誘騙後跟著陌生人離開，再也不曾回家。這種事在過去很常發生。

如果是被人類拐走，那還有可能找得回來。但如果拐走小孩的是油取，小孩就不會活著回來了。因為油取會絞殺小孩以榨油。

這種恐怖的妖怪出現在明治時代的東北地方，特別是山形縣的小國町，小女孩特別容易被油取盯上。有人說是因為女孩子身上可以榨出品質較好的油。榨出來的油可能會被油取吃掉，也可能拿去賣掉。

同一時期，岩手縣遠野市也有油取出沒，在城鎮內引起很大的騷動。人們恐懼的程度嚴重到讓城鎮首長發布命令，禁止女性與孩童外出。

基本上，油取行動時會盡可能避人耳目。不過住在遠野的一位老婆婆曾目擊過油取的樣子，據她的說法，油取似乎穿著深藍色腳絆與手差（以布捲在小腿及手臂的衣物）。

妖怪密情報

纐纈城

有個纐纈城的故事如下：一名旅人遇到一群對他很親切的人們，他們邀他去自家住下，且每天招待他大餐。而某個房間內卻有個被倒吊的人，他下面有一個壺，承接滴下來的血與油。那個人說：「快逃吧，再這樣下去你也會被抽血和油的。」於是旅人慌張逃走，總算保住一命。雖然不曉得從人身上榨出的油會被拿來作什麼，但或許這個故事和油取有什麼關係喔。

油取

石投女

【いしなげんじょ】

妖怪百貨店

夜裡海中的怪音

故事發生在過去那個船隻只靠風力及人力航行的年代。在海上討生活的人們常會看到、聽到許多不可思議的東西或奇怪的現象。

像是長崎縣西彼杵郡的江之島附近，每年五月，那裡的漁夫都會在夜裡的海上碰上奇怪的東西。

在月光將港口照得一片光亮，但海上卻一片雲霧，伸手不見五指的夜裡，當漁夫們拉起漁獲，會突然聽到喀啦喀啦像是石頭崩落的聲音，但那個地方不可能有崩落的石頭！

受到驚嚇的漁夫們拿著燈光四處探照，卻只看到一片黑暗的海洋。就算是對自己力氣很有自信的漁夫，碰上這種事也會恐懼異常，無法工作。

漁夫們立刻逃回港口，隔天早上再回到同一個地方時，卻怎麼也看不到任何像是岩石的東西，只有無垠的海水。

這就是石投女造成的現象，她會在夜晚的海上製造出岩石崩落的聲音。

如今，再小的漁船都會配備引擎，就算出現喀啦喀啦的聲音也會被引擎聲蓋過，不會有人注意到。

看來現代人已經沒那麼容易被妖怪嚇到了。

妖怪密情報

嚇哭漁夫的妖怪

其他地方也有像石投女的妖怪喔。

像是鹿兒島縣的奄美大島，就有名之為海塞的妖怪。白天，駕著小船在沿岸航行時，前方會突然出現一座山擋住去路，這就是海塞。這時若能不慌不忙閉上眼睛並開始念佛經，這座山就會自己消失。在新潟的佐渡島，則有名為立烏帽子的妖怪。他會突然高聳在船隻前方，而且還會慢慢倒向船隻。

3

2

1

B1

石投女

牛打坊

【うしうちぼう】

奪走牛隻的生命

有許多恐怖的妖怪會奪去家畜或人類的生命，但若提到專門針對牛隻的妖怪，就得來談談這個曾出現在德島縣北部的妖怪——牛打坊，也有人叫他們牛牛坊、牛牛入道。

牛打坊的外貌看起來像黑色的狸貓，他們會在夜裡悄悄現身於牛舍。除了打傷牛隻，他們還會打開放有牛飼料的木箱，舔食裡面的飼料。

據說牛打坊曾出現過的牛舍，裡面牛隻一定會死掉，因此對農家來說是個避之唯恐不及的妖怪。

七夕時，小孩子們會聚集起來，進行驅趕牛打坊的儀式。他們會用草編成一個小屋，名為牛打坊盆小屋，並在七月十四日這天把它燒掉，象徵著把牛打坊關在這個小屋內燒死。

如果有哪戶人家沒有捐贈製作盆小屋的材料，孩子們就會對著那戶人家叫罵「別讓牛打坊跑了，黏滿蠶繭和味噌的混蛋」，接著用燒盆小屋的火烤茄子，再把茄子丟進這些人家的牛舍。據說茄子被丟進牛舍後，不出三天牛隻就會死亡。因此每個村民都不會吝於捐贈盆小屋的材料。

妖怪密情報

黑眚（ㄕㄥˇ）

《大河本草》是以前的字典，其中有寫到一種名為黑眚的奇怪動物。

牠是一種出現在西日本、像狸貓的動物，會在夜裡潛入家戶內，襲擊牛馬等動物。就算關緊門窗，牠們還是能靠某種特殊能力鑽進屋內。

據說牛打坊的外貌很像黑色狸貓，說不定牛打坊的真面目就是這個黑眚喔。

牛打坊

小豬妖

【うゎーぐゎーまじむん】

妖怪百貨店

南方島嶼的小豬

沖繩有許多日本本土沒有的妖怪。其中有個小豬妖，有著豬的外型（Uwaguamajimun）。

Uwa在沖繩方言中是「豬」的意思，Gua是「小的」的意思，至於Majimun則是指「妖怪」。也就是說，本義指的就是看起來像小豬的妖怪。

夜路上，前方有一隻小豬緩緩走來，並一個勁兒地想往人的跨下鑽。這時候，就算小豬再怎麼可愛，也不能讓牠鑽過去。因為要是讓牠鑽過胯下，靈魂就會被奪走而死。

在鹿兒島的奄美大島上，也有類似的小豬妖怪。這裡的小豬妖怪也會一直想鑽過人們的跨下。不過，只要交叉雙腳不讓他們鑽過去就好。這種對應方式或許也可以用來對付沖繩的小豬妖怪呢。

此外，沖繩還有一種叫做唧唧小豬的妖怪。他們會唧唧叫，但不會危害人類。如果把他們綁起來，隔天早上就會變成棺桶的碎片。因此過去人們要是看到棺桶的碎片，都會燒毀。

過去，沖繩和奄美大島上飼養許多家畜的豬隻，所以就算出現豬妖也不奇怪。

妖怪密情報

要是被鑽過胯下就會失去靈魂

鴨子變成的妖怪「鴨妖」以及有著人類嬰兒外型的「小嬰妖」等，也是沖繩的妖怪。與小豬妖相似，他們都會藉由鑽過人的跨下，奪去人們的靈魂。曾有人對著鴨妖丟石頭，卻看到石頭變成了一大堆像螢火蟲般的點點星火，在這個人周圍四處飛舞亂竄。於是這個人在太陽升起前，都被這些火光追得到處跑。看來要是碰到了妖怪，還是不要隨便拿石頭扔他們比較好喔。

小豬妖

喂～喂～

【おーいおーい】

妖怪百貨店

可疑的呼喚聲

在戶外，想要呼叫遠方的人，通常會大喊一聲「喂～」。假設你現在一個人在山裡或海上，突然聽到一聲「喂～」。如果認得這個聲音，可以喊回去沒關係。但如果確定附近一個人都沒有，就絕對不要回應這個聲音。因為那很有可能是妖怪呼喚你的聲音。

在東京多摩地區，會有狸貓故意發出這樣的呼喚聲。如果有人回應，狸貓就會讓那個人迷失方向，找不到回家的路。

此外，在明治時代初期，新潟縣三條市曾出現過名為「喂～喂～」的妖怪。從三條市的吉野屋到長嶺間，有一條杳無人煙的山路，要是在下雨的夜晚走過這裡，就會聽到不知何處傳來的「喂～喂～」。有人說這是埋葬在附近墓塚內的武士們發出的呼喚聲。換句話說，已死之人化為幽靈，在此呼喚著路過的人們。

在海上或山中遭逢意外而死亡的靈魂會發出「喂～喂～」的聲音呼喚生人。類似的靈異故事至今仍隨處可見。要是回應了呼喚聲，不曉得會發生什麼事。因此要是聽到奇怪的呼喚聲，請多加注意吧！

妖怪密情報

海底傳來的呼喚聲

以前，三重縣伊勢的漁夫絕不會在農曆十月三日與四日的晚上出海，因為這幾天會有船幽靈出現。若在這兩天夜裡出海捕魚，會聽到海底傳來「喂～」的呼喚聲，沒多久，船附近就會出現青白色的火焰。接著船員會突然一陣背脊發涼，運氣不好的人會直接暈倒，然後掉下海淹死。這是已死人們變成的船幽靈，為增加他們的同伴來抓犧牲者。

喂～喂～

大煙管

【おおぎせる】

妖怪百貨店

原來是老煙槍？

據說德島縣東三芳町的毛田地區有一個以超大煙管（吸煙草時用的道具）形象現身的妖怪喔。他的名字叫做大煙管。目擊到的人主要是沿著吉野川順流而下的竹筏或船上的乘客。

在還沒有卡車的時代，住在河岸附近的人們通常使用船隻來搬運貨物。不管是哪條河川，都有容易發生船難的地方，而吉野川流經的毛田地區，就有一個稱作青石瀨的險峻之地。

在青石灘發生事故的船隻，只能暫時停泊在附近的岩洞旁，而這個妖怪就會在此時現身。

到了半夜，會有一隻巨大的煙管從河岸伸向船隻，此時人們會聽到一個詭異的聲音說「給我煙草」。

這個時候，如果不往煙管的火口（添加煙草的開口）添加煙草直到滿出來，船就會被弄沉。但是這個煙管非常巨大，沒有一公斤左右的煙草根本加不滿。平時人們根本不會帶那麼多煙草在身上，要添滿是不可能的。因此，知道大煙管傳說的船夫們，就算在青石瀨發生意外使船隻受損，也會盡可能繼續航行不停留。順帶一提，有人說大煙管的真面目其實是狸貓。

妖怪密情報

煙味可以驅逐妖怪

前面雖然有寫到大煙管的真面目是狸貓，但其實一般的狸貓或狐狸等妖怪是很討厭煙味的。請想像一下，走在一條熟悉的路上，卻發現怎麼走也走不到目的地，一直在同一個地方打轉，那很有可能是被狐狸或狸貓妖怪作弄了。但神奇的是，如果這時吸起煙來，目的地馬上就出現在眼前。看來是善使變化術的狐狸聞到討厭的煙味後馬上逃走的關係吧。

大煙管

背背石

【おっぱしょいし】

妖怪百貨店

背我好嗎？

雖然很少被提到，但由石頭變成的妖怪其實比我們想像中得多。在德島市就流傳著一個名為背背石（Oppsho）的妖怪。

Oppasho這個名字在當地方言中是「背我好嗎」的意思。這顆石頭會一直和路人說「Oppasho、Oppasho」，所以才有了這個名字。

很久以前，曾有個力氣很大的男人在夜晚經過背背石前方，他聽到石頭發出「背我好嗎、背我好嗎」的請求聲，對自己力氣很有自信的他馬上就回答：「說什麼背我好嗎？這麼想讓我背的話，我背你就是了！」接著他一口氣背起了背背石。不過他走了兩、三步後，石頭卻變得越來越重，最後啪的一聲掉在地上。掉落的背背石裂成了兩半，從此以後再也不會說話。

這就是背背石的故事。這顆石頭原本是用來供人憑弔一位有名力士的石碑，是一個外形細長、像板子般的石頭。

目前這塊裂開的石頭已被黏回原來的形狀，並立於勢見山山麓，西二軒屋町二丁目與城南町一丁目間的一小塊墓地。

妖怪密情報

日本各地方言

日本傳說中，有許多妖怪會問路人「背我好嗎」。他們的名字如背負怪歐布薩利提（オブサリテエ）、巴羅狐（バロウ狐）等等，都是「背我好嗎」的意思，只是來自不同的方言。這些故事的模型多很類似：某人走在夜路上，突然出現一個妖怪並說著「背我好嗎」。把妖怪背到家後，妖怪不知何時竟變成了裝有金銀財寶的瓶子。

背背石

嬰靈鼬

【おぼ】

妖怪百貨店

與死去嬰兒的靈魂有關

群馬縣沼田市利根町有種名為嬰靈鼬的妖怪。他由鼬變化而成，會在山中發出嬰兒哭泣般的聲音吸引人們。一旦停下腳步，嬰靈鼬便會上前纏住人們。當地人碰到這種情況時，會切下武士刀的下緒（刀鞘上的綁繩）或和服的褄（和服下緣衣角）給嬰靈鼬。這麼一來，嬰靈鼬就會離開。

為什麼把繩子或布的一部分給嬰靈鼬，就能打發走他呢？

其實，與其說嬰靈鼬的真面目是鼬，不如說他們比較接近嬰兒的靈魂。而且，他名字的日語讀音為Obo，本來就與嬰兒有關。群馬縣的人們都把嬰兒叫做Oboko。

自古以來，人們便相信死去嬰兒的靈魂會變成妖怪，在荒山中四處遊蕩。像是愛媛縣的妖怪野津其，也會發出嬰兒哭泣般的聲音，吸引人們。據說給他草鞋的乳（為了讓鞋帶穿過而預留的繩環），他就不會再搔擾人們。有人說這是因為草鞋的乳字同於「乳房」的乳，所以給他草鞋的乳能安撫他。用以安撫嬰靈鼬的繩子或衣角也是一樣，像是下緒或褄都有用來綁東西的繩環，他們會把這些繩環當作女性乳房，代替母親安撫嬰靈鼬。

妖怪密情報

烏哺

會在山路上發出嬰兒聲音，給他繩子、布料、草鞋後就安分來的妖怪，大都是嬰靈變成的。

新潟縣佐渡島有個名為烏哺的妖怪也是如此。他看起來像是隻大蜘蛛，山路上有人走過時，會發出像是嬰兒哭泣的聲音，並殺掉行人。若行人發現烏哺，只要丟給他一只草鞋並說：「你的媽媽在這裡。」烏哺就不會攻擊人們。

烏哺

搔撫

【かいなで】

妖怪百貨店

摸你的屁屁

只碰觸表面而不深究，在日語中叫做「搔撫」（Kainade）。在京都流傳的妖怪搔撫，就是以這個詞來命名。不過，這個妖怪只會摸人的屁股。有人進廁所用馬桶時，馬桶下方會出現一隻扭動的手，撫摸人的屁股。這個妖怪只會做種事而已。

以前的廁所沒有沖水設備，而是在便器下方設置一個洞。洞內一片黑暗，讓人覺得像是有什麼東西似的，相當恐怖。要是在這種廁所被摸屁股，想必會驚聲尖叫吧。

不過，搔撫只會出現在節分（立春前一天）夜晚。只要這天忍著不上廁所就不會碰到他了。若一定要上廁所，可以唱「你要紅紙嗎？你要白紙嗎？」他就不會出來。

出雲地區也有類似的妖怪——神等去出婆婆和神等去出爺爺。神等去出是出雲古社舉行的宗教儀式。傳說每年十月，全日本的神明會聚集在出雲。隔月，神明們會回到原本的居住地，而神等去出祭就是在為這些神明送行。據說，如果有人在進行這個儀式的夜晚去廁所，就會被神等去出婆婆或神等去出爺爺摸屁股。可見，會摸人屁股的廁所妖怪還真是到處都有呢。

妖怪密情報

校園怪談

昭和年代初期，傳說大阪某間小學內有間廁所，一進去就會聽到「你要紅紙嗎？你要白紙嗎？」的聲音，要是出聲回應，就會被摸屁股。至今仍有校園流傳類似的怪談。這大概是類似搔撫的妖怪跑到學校廁所後才出現的故事。不過「你要紅紙嗎～」這段咒語明明是用來驅逐妖怪的，卻變成了妖怪的台詞。或許隨著時代改變，妖怪也會有變化吧。

搔撫

金主

【かねんぬし】

妖怪百貨店

原本是年神

在季節交替之際，或者是年份更替之時，是妖怪容易出現的時期。舉例來說，除夕時，熊本縣天草市的倉樂町浦就會出現一種名為金主的妖怪。

在名切（名桐）這個地方，過去曾有一個石頭做的雙拱橋，每到除夕晚上，就會有一個武士立於橋上。若有人上前和他比力氣，並且贏過他，就可以得到很多錢。這個外表看起來像武士的妖怪就叫做金主。想必是因為他很有錢，才會被叫作金主吧。

除此之外，愛媛縣松山市的怒和島也有與金主類似的故事。在這裡，每到除夕夜，祭祀地方神明的神社內苑會出現像燈籠般的火焰，火焰會發出呼喚聲，像是想引人注意。當地人稱此金神火。

雖然名字裡也有金，不過這個神並不會給人金錢。

事實上，前面所提到的金主及金神火，與其說是妖怪，不如說比較像是神明。原本祂們是新年時才會現身的年神大人，在以訛傳訛下，不知何時竟變成了妖怪。

妖怪密情報

被遺忘而變成妖怪

所謂的年神，指的是每到新年家家戶戶會祭拜的神明。關於年神有許多傳說，不過基本上大都是保佑人民平安、作物豐收的神明。不同地方會有不同稱呼，如歲德神、年冬、冬門等。

正月中會舉行各種迎接新年的儀式。迎接在年初時前來、為人們帶來幸福的年神，也是其中之一。若是忘了這個神明的存在，祂就會變成傳說中的妖怪囉。

金主

吊蚊帳狸

【かやつりたぬき】

妖怪百貨店

一頂接著一頂蚊帳

四國的德島有各式各樣的化狸。

其中，有些化狸會一直變身成同一種東西。有善於變身成日本酒酒壺的白德利，也有只會變身成兔子的兔狸。而在穴吹町，則有下面這種奇怪的化狸。

夜晚杳無人跡的路上，會突然出現一頂掛得好好的蚊帳。

蚊帳是一張足以覆蓋整間房間的大網。夏天時人們會在房間掛蚊帳並睡在裡面，避免被蚊子叮咬。

這種東西居然就這樣掛在路邊，怎麼想都覺得很奇怪。就算暫時不理會繼續往前走，之後竟又出現一頂蚊帳。

事若至此，便已太遲。不管是繼續往前還是回頭，走到哪裡都有蚊帳。在太陽升起前，就只能在這堆蚊帳內繞來繞去了。

這時請先靜下心來，把力量凝聚在丹田，然後繼續往前走。走到第三十六個蚊帳時，就可以看到出口。

這就是蚊帳狸的傑作。他們會讓人類看到一大堆蚊帳，藉此困住人類。

由於從來沒聽說過這種狸貓會變身成蚊帳以外的東西，所以或許他們是專門變身成蚊帳的狸貓。

妖怪密情報

狸貓妖怪的專門書籍

本文所介紹的吊蚊帳狸，是參考鄉土史家笠井新也所編著的《阿波狸之話》（阿波の狸の話）一書。這本書介紹了包括衝立狸、吊首狸、白德利、赤殿中、大煙管等許多狸貓妖怪，是一本關於狸貓的專門書籍。這本書在一九七二年發行，現在也有文庫版，若各位有興趣，可以試著找找看喔。

3

2

1

B1

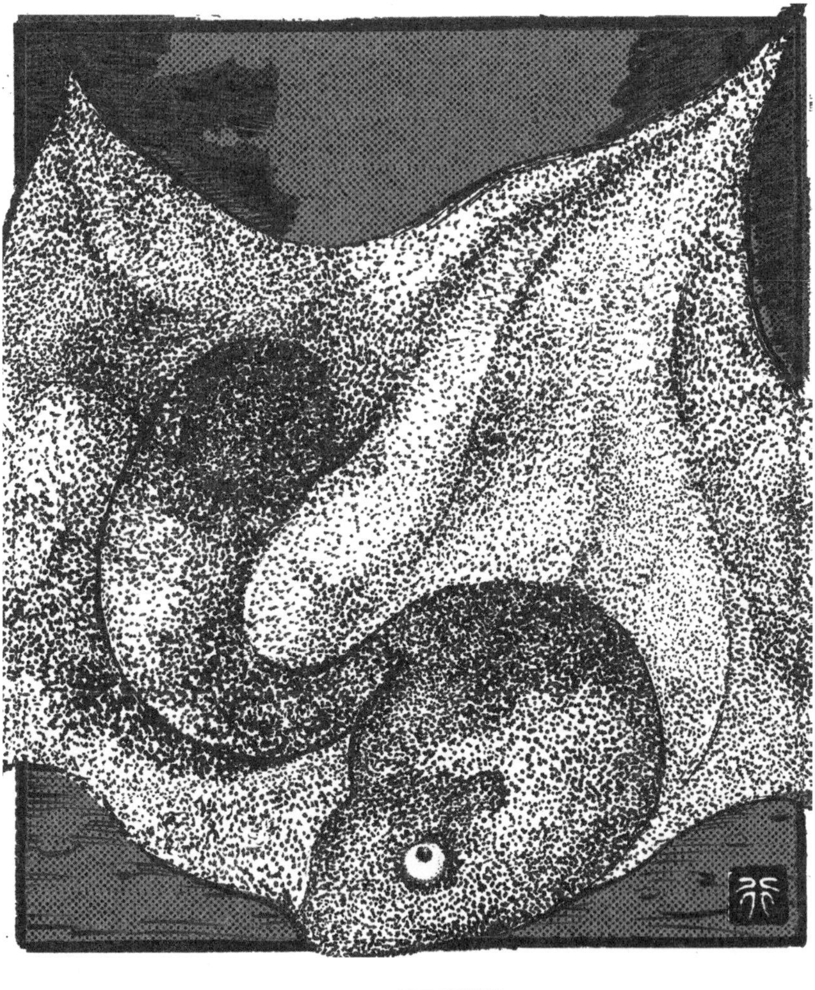

吊蚊帳狸

靜餅

【しずかもち】

妖怪百貨店

來自另一個世界的幸運之音

最近或許不太容易看到，不過以前日本過年時，許多人家都會在庭院製作麻糬。新年一早，就可以聽到搗麻糬發出的咚咚聲。

栃木縣茂木町內，有時在晚上也聽得到咚咚的搗麻糬聲。當地人認為這個聲音是來自隱里的搗米聲。町內沒有居民會在晚上搗麻糬，因此這個聲音只有可能來自隱里，也就是另一個世界的村落。據說聽到這個聲音的人都會變成大財主。

此外，茂木町隔壁的益子町也流傳有類似的故事，當地叫做靜餅。夜裡，有時會聽到遠方傳來叩、叩、叩，像是把麻糬打在石臼上的聲音。如果這個聲音是由遠漸近，就會為聽到這個聲音的人帶來好運，又稱做「運氣被打進來」。據說聽到聲音，只要拿起竹畚箕伸向後方，就會有財寶掉下來。相反的，要是打麻糬的聲音逐漸遠離，就叫做「運氣被打出去」，聽到這個聲音的人，好運就會逐漸消失。

北海道的愛努人也有相似的傳說，不過愛努人認為這聲音是在搗小米。據說如果夜裡睡覺時，聽到地面下傳來搗小米的聲音，那一年就會豐收喔。

妖怪密情報

隱里

前文提到來自隱里的搗米聲，以下就來說明什麼是隱里。隱里指的是隱藏在深山裡、洞窟的另一側、地底下等另一個世界的村落。據說住在那裡的人都過得相當富足。

平常人是沒辦法進入隱里的，只有在通往隱里的入口偶爾出現時，才進得去。但一旦離開隱里，回到原來的世界，就再也找不到隱里的入口了。隱里就是個那麼奇怪的村落。

靜餅

精靈風

【しょうろうかぜ】

妖怪百貨店

無處可去的思念

在長崎縣的五島地區，於八月十六日的早晨經過墓地，會感覺到有陣不祥的風吹過，當地人把這陣風叫做精靈風。要是被這陣風正面吹到，就會染上疾病。

這裡的精靈，即所謂的無緣佛，無緣佛指的便是那些倒在路邊、無依無靠的無主靈魂。原本死去的靈魂應該要被供奉、祭祀起來，但這些無緣佛卻無人搭理、沒有被超渡，於是他們就四處遊蕩、行惡。人們說這些無緣佛會隨風移動，要是被承載著他們的風吹到，就會染上疾病。這樣的傳說在西日本等地廣泛流傳著。換句話說，精靈風指的就是乘載著無緣佛的風。

而且，八月十六日正好是舉行盂蘭盆會一系列祭典的時期。雖然各地舉行祭典的日期都不太一樣，但多數都會在十三日左右迎接並祭拜祖先的靈魂，然後在十六日左右將祖先的靈魂送回黃泉之地。

在盂蘭盆會時期，想受到人們供奉祭祀的無緣佛，因難以得償所望，便會變得比平時更加鼓譟。如果這時跑到聚集了許多無緣佛的墓場，便會被精靈風所害。這就是精靈風的故事。

妖怪密情報

眾人一起供奉

日本各地的盂蘭盆會祭典各有差異，不過一般而言，都會設置一個名為精靈棚的祭壇，並在這個祭壇上祭祀祖先的靈魂。除了精靈棚，有時還會再設立無緣棚與惡鬼棚等較小的祭壇。這些祭壇是為了讓人們在祭祀祖先的同時，也能一起祭祀無緣佛。雖然無緣佛與自家祖先完全沒有關係，但只要誠心祭祀，相信就能安撫無緣佛，讓他們不再作惡。

精靈風

洗濯狐

【せんたくぎつね】

妖怪百貨店

在夜晚的河邊刷洗

許多妖怪會在河邊發出聲音，會發出洗紅豆聲的小豆洗就是其中的代表。而靜岡縣濱松市濱北區的宮口，也有一種名為洗濯狐的妖怪。

以前，平釜川的溪畔，草木很茂盛，到了夜晚會有狐狸出沒，並發出沙沙聲。當地人們謠傳這是「狐狸在洗東西」，因此認為這是洗濯狐的傑作。

也就是說，人們只有聽到像是在洗東西的聲音而已，其實沒有真正看到有狐狸在洗東西。

靜岡縣燒津市也有洗濯狐的傳說。

從前，一個住在泓之川的女狐狸，想與住在隔壁村莊的女狐狸比賽變身。誰變身的美女，走過巡邏的領主大人眼前能獲得青睞就算贏。結果泓之川的狐狸輸了。因為泓之川的狐狸化為美女時，身上的和服沾上了髒汙，反而惹怒了領主，被斥責「居然髒兮兮的出現在領主面前，真是失禮」。

在那之後，泓之川的狐狸為了永遠保持乾淨，便會在夜裡跑到河邊沙沙地清洗自己的身體，於是牠就被稱為泓之川的洗濯狐。不過與其說這是洗濯狐，說是行水狐還比較恰當吧。

妖怪密情報

在英國則是妖精

在蘇格蘭，人們認為晚上在河邊發出洗濯聲的是名為「報喪女妖（Bean nighe）」的妖精，意思是「洗東西的女人」。她們是難產死掉的女人靈魂。她們洗的衣服來自壽命將盡的人，上頭沾滿了血。報喪女妖在衣服主人死亡前，會一直洗這些衣服。

難產死亡的女性靈魂在日本稱作產女，產女也常出現在河邊等有水的地方。不知道和報喪女妖有沒有關係呢？

洗濯狐

七尋蛙

【ななひろがえる】

妖怪百貨店

這可不是數數兒的時候…

說到青蛙變成的妖怪，一般會想到有名的蝦蟆。其實除了蝦蟆，還有其他青蛙類的妖怪。

例如栃木縣栃木市大平町就流傳著一種名為七尋蛙的妖怪。「尋」是日本古單位，一尋大約等於一・八公尺。所以七尋大約就是十二公尺。看名字會誤以為這個妖怪是長達七尋的青蛙，但其實並非如此。七尋蛙的故事是這樣的。

以前，在大平地區有座城。一次戰爭中，這座城被敵人攻擊，而領主的女兒想渡過護城河逃走。不過她身為一城的公主，個性慵懶，明明應該要趕快渡河，她卻開始測量護城河的河寬，數著一尋、二尋……。就在數到七尋的時候，公主被敵人一箭射中而死。

在那之後，死去公主的靈魂就變成了青蛙，而蛙鳴聲聽起來就像是「一尋、二尋、三尋、四尋……」在數著長度。數到第七尋，青蛙便發出了一聲慘烈的悲鳴。

這就是七尋蛙的傳說。大平町曾有過榎本城、富田城、大平山城等城池，不曉得這個傳說是出自哪個城池呢。

妖怪密情報

婆與媳

在宮城縣亘里町的九枚筵，也有像七尋蛙數著東西的妖怪。曾有個武士的妻子將麥子脫穀後，放在十張草蓆上曬乾。然而武士的母親藏起其中一張草蓆，並嫁禍媳婦說她偷走了麥子。武士的妻子受不了羞辱而自殺。之後，武士的妻子變成了幽靈，每天一直數著草蓆的張數，卻只能數到九張。聽起來是不是和怪談皿屋敷的阿菊很像呢。

七尋蛙

野鎌

【のがま】

妖怪百貨店

不知何時身上出現莫名傷口

在高知縣與德島縣深山內，旅人以及在山林間工作的人們有時會在什麼東西都沒有的路上突然跌倒。雖然跌倒卻不覺得痛，但一起身卻發現腳上不知何時被劃了一個很大的傷口，而周圍卻找不到任何可能割傷人的東西。

這是稱為野鎌的妖怪做的好事，當地人們把這種現象稱作「被野鎌吃掉了」。野鎌是一種由割草用鐮刀變成的妖怪。在德島縣祖谷山地區的傳說中，野鎌的真面目是喪禮時所使用的農具鐮刀。

在祖谷山地區，喪禮時需挖掘埋葬遺體用的洞，當地人們會使用鐮刀或鋤頭來挖洞。習俗上，喪禮結束後，使用完的鐮刀或鋤頭需放置在墓地七天。據說若打破這個規定把鐮刀帶回家，鐮刀會變成妖怪到處為惡。而所謂的為惡，指的就是躲在人們看不到的地方，伺機攻擊、劃傷人類。

當地人若被野鎌劃傷，會誦唸「佛左下之御足，黑竹之樹樁，痛覺消失，快黑之歌，再度復生」的咒文。雖然沒有人知道這是什麼意思，但據說這樣傷口會好得快！或許咒文中包含了實現願望的能力吧。

妖怪密情報

鐮鼬

有一種與野鎌很相似的妖怪叫做鐮鼬。鐮鼬的兩手如鐮刀般鋒利，會趁人們不注意的時候割傷人們的腳。而在岡山縣和氣町的大王山，也有一種與鐮鼬相似的異獸。這種異獸沒有流傳下名字，也沒有人真正看過他們的樣子，但據說獵人們常被他們攻擊。一到夜晚，這些異獸會隨風遊蕩，而被風吹到的人，就會像被銳利刀具劃過般，留下傷痕。

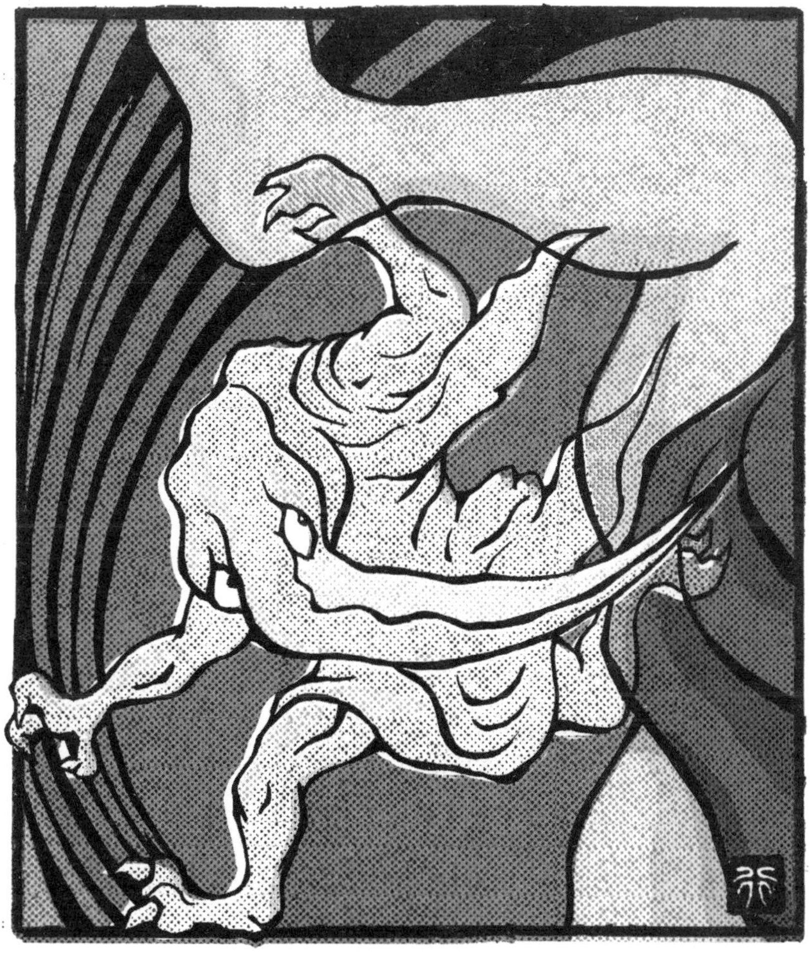

野鎌

孕之鏘

【はらみのじゃん】

妖怪百貨店

夜裡發生在海上的奇怪現象

在那麼多妖怪裡，許多妖怪其實只是火或聲音等現象。在過去沒有電燈或汽車的年代，一到晚上，不管是多小的光點在黑暗中都相當顯眼，又因為沒有汽車聲，晚上的街道總是一片寂靜。因此要是突然出現詭異的火光，或是奇怪的聲音，人們便很容易注意到，並產生「那是什麼東西啊？」的恐懼。因此，在那個年代產生了相當多本體是火光或聲音等現象的妖怪。

而同時具有光與聲音兩大特徵的妖怪，就是這裡要介紹的孕之鏘了。孕其實是地名，所以這種妖怪也可單名為鏘，是出現在高知市浦戶灣的妖怪。

夜裡，許多船隻正在捕魚時，天空突然啪的一聲變得像白天一樣明亮，接著一個驚人如落雷般巨響的聲音「鏘！」震撼了整個海面，使海裡的魚騷亂不已。在那之後，不管怎麼捕都捕不到魚。因此當地人要是搞砸了事情，就會說「鏘掉了」。

據說日本在一九四五年以前，夜晚出海捕魚的漁夫至少都體驗過一兩次這種現象。

在一片黑暗的海上，要是突然看到這樣的強光和巨響，不管是誰都會嚇到吧！

妖怪密情報

其實是地震？

明治時期的物理學家寺田寅彥，曾對「鏘」這個現象提出科學解釋。浦戶灣附近的地殼有一個裂縫，寺田認為鏘這個聲音是地震造成的，講得明白點，「鏘」的真面目可能是小型地震所引起的地鳴。事實上，最近關於地震的研究亦指出，發生大地震前，山頭會有發光的現象，而這樣的現象也可能出現在海底。看來寺田寅彥提出的說法很有可能是正確的喔。

孕之鏘

引路亡靈

【ひきもうれん】

夜裡海上的青白色光芒

日本全國各地的海域都有妖怪傳說，而這些妖怪又多是海難死亡的人的靈魂轉變而成。住在三重縣海岸附近的人們把這種妖怪稱作引路亡靈或是引路亡者。

引路亡靈的目擊者通常是在海岸附近捕魚的漁夫。由於潮水流向的關係，海上常會有個聚集許多海草、垃圾的地方。志摩地區的漁夫們把這種地方稱作Naiba，在無風的夜晚，這種地方顯得特別詭異。因為有時船隻通過這些地方，會看到發出青白色光芒的不明物體。當地人便稱作引路亡靈。

另外，夜裡捕魚時，如果有一塊水域突然發出白光，漁夫們會馬上用力踩踏甲板。若踩踏聲讓白光迅速散開，那麼白光就是魚群造成的；若白光不為所動，那麼這個白光就是引路亡靈。引路亡靈會緊跟著船隻移動，有時還會繞到船隻前方，讓駕駛員不知該開往何處。

引路亡靈之所以要這麼做，是為了讓漁夫們慌張無措，只要他們一不小心操作失誤，便會撞上暗礁沉船，這時引路亡靈就會一擁而上，將人們拉進海底。

也就是說，「引路」指的就是引領人們到海底的意思喔。

妖怪密情報

夜光蟲？

說到在晚間海上發出青白色光芒的東西，就會讓人想到夜光蟲這種浮游生物，無風的晚上，牠們會漂在水面上，若被波浪打到或被船撞到就會發出青白色的光芒。要是沒有物理上的衝擊，便不會發光。但如果有船碰到夜光蟲便會發光，看起來就像是有光點跟著船隻前進一樣。

三重縣海域也看得到夜光蟲，說不定引路亡靈的真面目就是這些夜光蟲喔。

3

2

1

B1

引路亡靈

比盡神

【びじんさま】

妖怪百貨店

山神的模樣究竟是……

在長野縣的蓼科山，有個名為比盡神的山神。雖然祂被稱作山神，但卻沒有個祭祀祂的神社。真要說的話，還比較像是個在山中四處遊蕩的妖怪。

說到祂的樣子，還真的是有點讓人毛骨悚然。據曾親眼看過的人說，祂看起來像是一團黑色的雲，中間包著一個球狀的本體，大約比一個人可環抱的大小還要再大一些。球狀本體旁有紅色或藍色鍊狀的東西垂下，看起來有點像神社注連繩上的紙垂（折四折的白紙）。

若看到這樣的東西發出低聲，騰空在山中飄盪，鐵定會被嚇一大跳。

不過比盡神也不是經常可以看得到的，據說祂只出現在某些特定的日子。當地人都說，不要在比盡神會出現的日子跑進山裡，但卻沒有人知道比盡神會在哪些日子現身，也沒有人知道遇到比盡神時究竟會發生什麼事，說不定只是看到祂時會覺得不太舒服而已。

不過，就算看起來再怎麼像妖怪，可以確定的是，祂是個山神。為了守護山林，壞人碰到比盡神時說不定會被祂懲罰喔。

妖怪密情報

寒冷季節的十二日

在山中，流傳著許多如比盡神般的故事，也就是於祭祀山神的日子不能入山之類的傳說，且範圍廣布日本各地。各地祭祀山神的日子各有不同，東日本大都是在十二月十二日，或者是二月十二日等，在寒冷季節的十二日祭祀山神。人們相信，若在這一天進入山中，就會被山神懲罰，碰上不好的事情。比盡神說不定也會選在寒冷的時候出沒喔。

比盡神

迷家

【まよいが】

妖怪百貨店

山中謎樣的大房子

在岩手縣的遠野地區，偶爾會發生這樣的事。

明明走在熟悉的山路上，卻不知何時迷了路，察覺到時，眼前竟突然出現一個日式大宅。當想著「這座深山中有這麼大的房子嗎？」而上前查看，會發現這個豪華大宅內還養了許多牛、馬、雞等家畜。

往房子內窺探，可以看到火鉢內正燒著鐵瓶（金屬鑄成的茶壺），瓶口冒出陣陣蒸氣，似乎是準備要用來泡茶。看起來這間屋子應該有人住才對，但不管怎麼叫喊都沒有人回應。

碰到這種事的人，通常會心生恐懼，馬上循原路調頭離開。

奇怪的是，雖然回去的路途順暢無礙，之後卻再也找不到這間屋子。

這種如妖怪般的家屋，在遠野地區稱作迷家。據說，進到迷家內的人最好帶一個東西走，不管是什麼都可以。如果把迷家內的東西帶回家，將可以帶來平安與好運。

有人說這個迷家是神明們為了那些每天認真工作的人們所準備的禮物，但據說至今仍沒有人真的從迷家帶回任何一樣東西。

妖怪密情報

船和汽車的幻影

妖怪也會變身成像迷家這樣的人造物喔。舉例來說，有些船和汽車，乍看之下像是有人在駕駛，但仔細一瞧卻發現上面一個人都沒有。不僅如此，這些船和汽車還會在夜裡的海上或道路上開著大燈奔馳。有相當多人曾看過這種船或汽車。說不定這些是因事故而死亡的人們的靈魂，化為船或汽車的幻影，現身於人們的面前喔。

迷家

除夕噌

【みそかよー】

妖怪百貨店

除夕禁止入山

以前，對那些生活在山林裡的人來說，有些日子是絕對不能進入深山的。隨著各地習俗不同，禁止入山的日子也不同。在長野縣南佐久郡，除夕入山是大忌。

要是打破規定進入深山，就會聽到不知從何處傳來的呼喚聲，喊著「除夕噌」。當想回頭察看究竟是誰在大喊，脖子竟莫名的無法轉動。

當地人把這個聲音叫做除夕噌，且心存敬畏。

這天入山之所以被視為大忌，是因為平時隱藏自己身影的山神們，會選在這天於山中各處進行各式各樣的工作。因此，若硬要在這一天上山，就會被當作來妨礙山神工作的人。嚴重的話，可能還會遭受不幸。

也就是說，「除夕噌」這個聲音，其實就是山神的呼喊。

據說在南佐久郡的小海町，如果在除夕時進入深山，作為山神的天狗大也會大喊「是除夕喔」。

所以這個呼喊聲有著「今天是除夕，禁止進入」的警告意思在喔。

妖怪密情報

山中精靈

前面寫到，「除夕噌」的真面目是山神，或許各位會想，為什麼山神會被歸類為妖怪呢？其實，這裡所講的山神，與那種祭祀在神社裡、有名字的神明大為不同。這裡的山神類似山中的精靈，所以有許多關於祂們的恐怖傳說，或許把祂們當成像是妖怪一樣的神明會比較洽當。而天狗就是以山中精靈身份而存在的其中一個神明。

除夕唷

夜道怪

【やどうかい】

妖怪百貨店

拐走壞小孩

在那麼多妖怪中，有些妖怪特別喜歡把人拐走。日本各地都有名為隱婆和隱座頭的妖怪傳說，他們會在傍晚快接近夜晚時，到街上找還在玩捉迷藏的小孩喔。要是被這類妖怪盯上、拐走，就再也回不了家了。

要避開他們很簡單，只要在天色變暗前趕快回家就好。就算是擅長拐走人的妖怪，也不可能進到家中帶走小孩。但是有一個妖怪除外，他就是出沒於琦玉縣秩父附近，名為夜道怪的妖怪。

夜道怪穿著破破爛爛的白衣與白襪，頭髮亂七八糟，臉和雙手雙腳都沾滿了汙垢，看起來很髒，背上還背著一個行李。

不管是家裡的後門、隱密的窗戶，夜道怪都能順利潛入，在大人們不注意的情況下綁走小孩。而且如果是很會哭鬧、不聽父母話的小孩，特別容易被帶走。當然，天色暗下來後還在外面玩的小朋友也是他的目標。簡單來說，他就是來帶走壞小孩的妖怪。

所以，只要乖乖聽父母的話，做一個有規矩的乖小孩，就不會被夜道怪盯上囉。

妖怪密情報

高野聖

民俗學者柳田國男認為，夜道怪可能是一位名為高野聖的和尚。高野聖因修行而雲遊四海，晚間他會在村落入口前大喊「能借宿嗎」（發音Yadouka，與夜道怪相近），問有沒有人家能讓他借宿。要是沒有，他就會前往下一個村落，重複同樣的問話。但他的舉動，卻漸漸變成了可怕的妖怪傳說。不過，這也只是一種說法，究竟是真是假也沒人知道。

夜道怪

山御先

【やまみさき】

妖怪百貨店

被風吹到的惡運……

日語中的御先一詞，原本是指神明的使者，像是稻荷神的使者狐狸，就可稱為御先。不過，西日本的御先卻常是指那些沒有被祭祀的靈魂。簡單來說，像在戶外因事故而死的人就是。人們相信他們會化作惡靈，附在人身上，使人感染熱病而痛苦不堪。

出沒於山口縣和德島縣出的山御先，也屬於這種惡靈。在山中死亡的靈魂，會用各種方法危害人類。

一般來說，人們看不到御先類的妖怪，不過出沒在山口縣下關市山村地區的山御先，卻會以人頭的形象現身，並伴隨著落葉飛舞。他出現時會吹來一陣風，人們被正面吹到就會重病高燒，倒臥病床不起。同樣的，山口縣的相島也把出沒於山中的恐怖亡靈稱作山御先。據說，就算是在海中遇難的死者靈魂，也會進入山中成為山御先喔。

而在德島縣的山中，於溪流中溺死的靈魂會變成川御先，他們會附身在來溪邊玩水的人身上。被附身的人會迅速失去活力，嚴重的還會直接昏倒。如果這裡的川御先跑到山裡，就會變成山御先喔。

妖怪密情報

祭祀很重要

西日本所流傳的御先，基本上是不會顯露外貌的惡靈。一般認為這些惡靈會乘著風移動，因此有些地方也把他們叫做御先風或惡風。而且，要是被這陣風吹到，人們便會被御先糾纏，染上疾病、被奪走精力等等。於意外中死亡，卻沒有被超渡、祭祀的靈魂，會認為只有自己遭遇不幸而心生怨念，驅使他們讓人類染上重病，痛苦不堪。

山御先

妖怪百貨店

索引

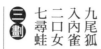

誠摯感謝您今日蒞臨本店。

〔插圖〕
天野行雄
宇田川新聞
牛鬼、火車、貓又、二口女、狐狸娶親、芝天狗、石投女、小豬妖

初載於《每日小學生新聞》

書本設計　天野昌樹

Note

國家圖書館出版品預行編目資料

妖怪百貨店 / 村上健司作 ; 陳朕疆譯. -- 初版.
-- 新北市 : 世茂, 2018.2
面； 公分. -- (圖文 ; 5)
ISBN 978-957-8799-02-8(平裝)

1.妖怪 2.日本

298.6 106020492

圖文5

妖怪百貨店

作　　者 / 村上健司
插　　畫 / 宇田川新聞、天野行雄
譯　　者 / 陳朕疆
主　　編 / 陳文君
責任編輯 / 楊鈺儀
出 版 者 / 世茂出版有限公司
地　　址 / (231)新北市新店區民生路19號5樓
電　　話 / (02)2218-3277
傳　　真 / (02)2218-3239（訂書專線）、(02)2218-7539
劃撥帳號 / 19911841
戶　　名 / 世茂出版有限公司
世茂網站 / www.coolbooks.com.tw
排版製版 / 辰皓國際出版製作有限公司
印　　刷 / 祥新印刷股份有限公司
初版一刷 / 2018年2月

ＩＳＢＮ / 978-957-8799-02-8
定　　價 / 300元

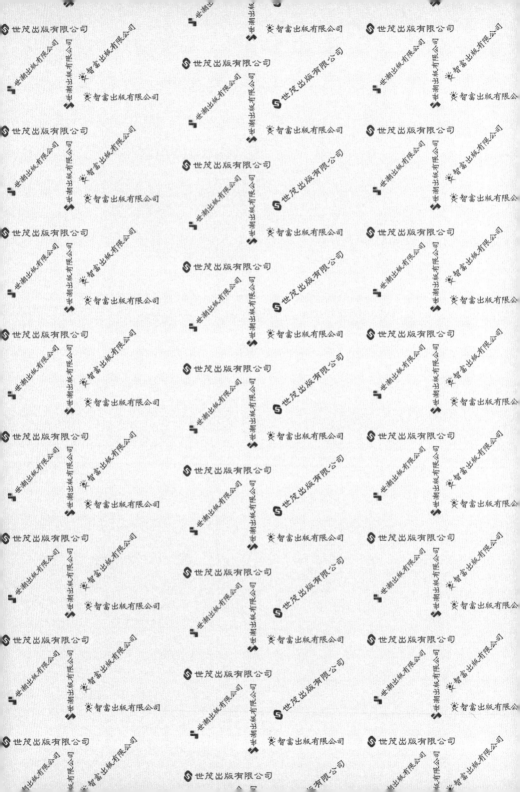

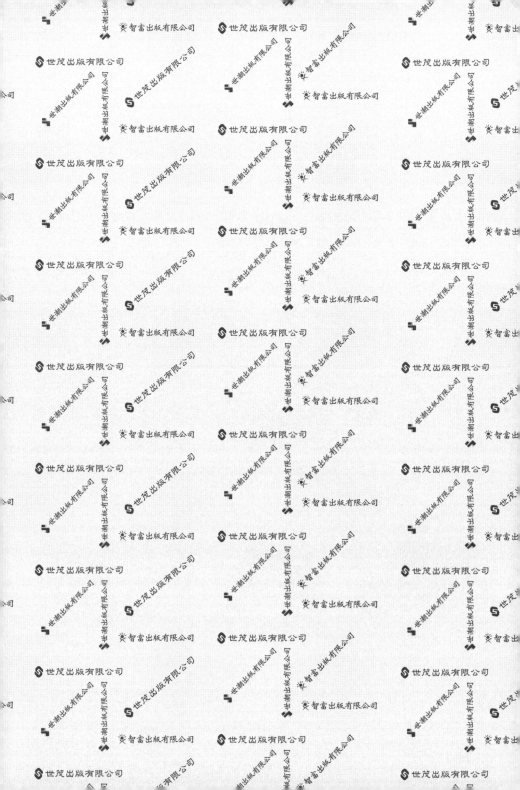